ライフスキル教育

――スポーツを通して伝える「生きる力」――

編著
横山勝彦・来田宣幸

著
辻　淺夫・松野光範
新川達郎・真山達志
石井　智・大八木淳史
吉田良治・黒澤寛己
榊原大輔

Life Skill Education Sports

昭和堂

スポーツとライフスキル――「文武徳三道」を

京都市長　門川大作

悠久の歴史を誇る京都には人類の叡智が蓄積されています。それを学び、今日的な課題の中、未来に向かって深化発展させて、人類の幸せに貢献していくことこそ、教育の役割であります。

「スポーツ」と「ライフスキル」に焦点をあてた本書の発刊を聞き、私の頭に浮かんだのは「文武両道」という言葉でした。

古くから大切にされてきた「文武両道」の精神が疎かにされていないか、例えば、教育の場においても狭義の「文武二道～進学コースとスポーツコース」などの傾向に拍車がかかっているのではないかと懸念しております。

一人ひとりの生徒の幸せと共に、社会における人々の幸せに尽くせる「根っこ」を育てるのが教育であります。教育におけるスポーツの役割も大きく、スポーツを通じて文武両道の「根っこ」にある「徳」、つまり人としてのあるべき姿を探求していくことが大切と痛感しています。そこで私は、敢えて「文武徳三道」を主張してまいりました。

優れたスポーツ選手や指導者の方々のみならず、学者、経済界、政界、町内会のリーダーの中にも、スポーツを通して精神を鍛錬され、頭の下がる生き方をされている方が数多くおられます。そうした方々に共通の魅力を一言で表せば、己には厳しく、人には優しいことであります。そこにはまさに「文武徳三道」の精神が宿っているように思います。

「優しさ」とは「憂い」に寄り添う「人」と書きます。そして「優秀」とは「優しさ」に秀でることだと思います。チャンドラーの小説（『プレイバック』ハヤカワミステリ文庫、1977）にある「強くなければ生きていけない。優しくなければ生きる資格がない」という言葉は、まさにスポーツを通して学べることでしょう。

今、社会は重大な転換期を迎えています。

特に地球環境の危機的な状況を考える時、都市のあり方や企業活動、まちづくりの方向性、さらに私たち一人ひとりのライフスタイルを大胆に、かつ地道に変革しなければなりません。さもなければ50年後、100年後の人類の存在すら保証されない状況です。これまでの施策を見直しつつ、環境や地球に優しい市民ぐるみの取り組みを、共に汗する「共汗」で京都から世界に発信しなければなりません。

豊かな研究成果をまとめた本書が、そうした志を共有する皆様に広く読まれ、新たな気付きの機会となればたいへんありがたいと念じております。

ライフスキル教育に期待する

株式会社堀場製作所最高顧問　堀場雅夫

本書を一読して、その構成と内容が今まで同種の出版物とはまったく異なり、極めてロジカルであると同時に単に理論に溺れるのではなく、実践的な展開であることに感激しました。

20世紀は肩書き社会と言われるように集団の構成要素として個人が存在したのですが、21世紀はまさに個の時代です。すなわち、個の人格がまず存在してはじめて個が集まった集団である社会、都市、企業、国家が生まれるという考えを多くの人が持つようになる時代に入ったと思います。

私は中学、高校を旧制の7年制の私学（甲南高校）で過ごしました。その創立者、平尾釟三郎先生の強烈な哲学である「徳学、知学、体育の3つのバランスのとれた人間づくり」の教育を受けて今日の自分があると確信しています。

知学については、学期末試験で全課目中60点以下が2課目以上あれば留年となる厳しいものでした。徳学については、特に礼儀、作法、服装が重視され、例えば折目のないズボンを穿いて行くと厳しく注意されました。そして体育については、私の入ったラクビー部では、徹底してone for all, all for oneの精神が教育されました。その言葉は今でも私の座右の銘になっています。

ハイレベルの知識、道徳、体力のバランスのとれた教育こそ、現代の社会が望んでいるものです。読者の皆さんは、本書にそれを実現するための多くのヒントがあることを発見されるでしょう！！

目　次

序 章 「人間の力」の再構築

第1節 ライフスキル教育とスポーツ

本書は、スポーツを通じたライフスキル教育について、理論的側面を中心にまとめたものである。ライフスキル（Life：人生、生活 Skill: スキル、技術）という表現から、ライフスキル教育はいわゆる生き方のノウハウを教えるものという印象を持つかもしれない。しかし、ライフスキル教育は、単に表面的な生き方の技術を伝えるのではなく、歴史や文化に根ざした全人的な教育を目指しているものである。

本書がなぜスポーツに着目するのかについて、まず、その理由を明らかにしておこう。1つ目の理由は、ライフスキル教育を実践するにあたって、スポーツの現場では、その要請が非常に強く、またその重要性も高いと思われるからである。

第1部第2章で詳述するように、ライフスキル教育は、アメリカの大学スポーツの現場で生まれたものである。アメリカでは、競技引退後に生活を立てていく術を持たない選手が続出したことを受けて、スポーツに打ち込む学生たちにより良く生きるためのスキルを身につけさせることを目的に一連のプログラムが開発された。これが現在のライフスキル教育の起源となっている。日本においても、当時のアメリカと同様の事態――競技引退後のセカンドキャリア獲得の困難、大学スポーツ選手の学問的貧困、暴行事件など不祥事の多発（モラルの欠如）――が起こっており、彼らに、人生を生きるためのスキルを身につける具体的手法を提示・実践する必要性は高い。また、アメリカで生まれたプログラムを日本で実践する際に、同じスポーツというフィールドで導入するのは、改良・検証の点でも都合が良いと考えられる。

もう１つの、そして一番重要な理由は、スポーツには「生きる力」や「人間の力」を育むという全人的な教育機能が元来備わっているからである。近代スポーツの源であるイギリスのパブリックスクールでは、スポーツは身体を鍛えるのみならず、人格を陶冶するための大切な教育手段と考えられていた。日本が明治時代に諸外国の教育制度を取り入れて教育制度を作った際にも、そのような意味でスポーツが導入された。今日、スポーツマンシップやフェアプレーといった概念がスポーツとセットになっているのはそのためである。また、この概念は、日本に古来より存在した武道とも親和性が高いことから、日本では近代スポーツを受容する素地がすでにあったとも言えるのである。

ただ、昨今のスポーツ選手による不祥事の頻発を見ると、スポーツは、その全人的な教育機能を発揮できているとは言いがたい。その原因は、スポーツの価値を生かし切れないシステム、および、スポーツを取り巻く人間のモラルが欠如していることにあろう。しかし、モラルの欠如について、「スポーツは清く、正しく、美しいものでなければならない」といった牧歌的なスローガンで啓発したところで、その理想の実現は難しいだろう。スポーツが本来持っている人格陶冶機能を発揮するには、時代にあったプログラムが必要である。我々は、ライフスキル教育をその具体的候補の１つと考えている。そして、それをスポーツ選手だけでなく、その関係者にも実施する必要があるとも考えている。その上で、最終的には、そうしたプログラム――つまり、マニュアル――に頼らずにモラル形成がなされる社会を目指している。

第2節　スポーツの二面性

現在日本でおこなわれているスポーツは、ヨーロッパ型とアメリカ型という切り口で見ることができる。大雑把に言って、ヨーロッパ型はスポーツを通してより良い社会・人を作ることを重視する傾向、アメリカ型はスポーツによるビジネスを重視するという傾向がある。

サッカーのＪリーグは、ヨーロッパ型の地域に密着したスポーツクラブをモデルにしている。プロリーグ（Ｊリーグ）に参加するには、クラブ自体が法人格を持ち、特定の地域（ホームタウン）のバックアップを得なければならない。そして、そのホームタウンを中心に、（Ｊリーグが「百年構想」と提唱する）スポーツ振興策が実践される。こうした活動を通して、地域における多くのヒト・モノ・カネ・情報の流れが活性化し、失われつつあったコミュニティーが再構築されるという効果が生じている。その一方で、クラブの経営においては、スポーツを市場価値と捉えるアメリカ型の側面も存在する。

このような対立する二側面から生じる緊張は、なにもスポーツに限った話ではない。例えば、同様の事態は、日本においてアメリカ型の実力主義・成果主義が導入され、従来の日本型システム（終身雇用・年功序列）が揺らいだ中にも見ることができる。大きく見れば、グローバリゼーションの潮流がそれぞれの場所に現れたと言うこともできる。スポーツは社会の縮図と言われるが、スポーツという文化には、社会の現状がそのまま反映されているのである。

科学技術が我々にとって良い面と悪い面を持つのと同様に、スポーツも「両刃の剣」的な性格を持つ文化である。例えば、自動車に代表される交通網の発達は、我々の日常生活に便利さと簡便さをもたらした一方で、歩く機会の減少による筋力低下といった肉体の危機をも招いている。これと同様に、スポーツは、我々に夢や希望あるいは感動を与える一方で、バランスを失った反知性主義や、行き過ぎた同一性・帰属意識を要求する閉鎖・排他型の組織への参画強制を招いてもいる。

第3節　情報化時代の教育

現代は、知識集積・情報化の時代である。我々は、溢れる知識と情報に囲まれて暮らしている。多すぎる情報は、ともすれば「自分の頭でものを考えない」という無意識の思考放棄と、自分や社会にとって重要な情報も聞き流す習慣を招き、その結果、何事にも無関心になるという危険性をはらんでいる。無関心と無責任――社会にとってはこれこそが本当の脅威であり、モラルの欠如を生む素地でもある。互いに無関心だと、目に見える迷惑をかけさえしなければ何をやってもいいという考え方が生れやすいからである。

表面的で断片的な知識が、軽く、騒がしく伝達される世の中にあって、今、求められているのは何だろうか。それは、「醸成」であると我々は考えている。醸成とは、ある経験について静かに深く考え、ふと気がつくと何かがその人の中に生まれていることである。醸成には、「多くの体験」とそこからの気づきと学びを自分の中に定着させていく「時間」（そして、そのゆっくりとした学びを許容する余裕）が必要である。

我々の日常や文化における知識や所作は、誰かにいちいち教えてもらったものではなく、自然に見聞きしたものをくり返しなぞることで、いつの間にか身につけているものである。これも醸成ということができるだろう。「我々は語れる以上のことを知っている」とは、ポランニーの有名な言葉であるが、日常的な経験が体系化・組織化されることで次の知識が作られていくのである。教育は単なる知識の切り売りをするものではなく、そうした気づきを与える場所でなければならない。我々一人ひとりが自分自身の頭で、人生とは、仕事とは、教育とは何かといったことを改めて問う――こうした醸成を通して生まれる知こそが、今後重要になっていくだろう。

第4節　西洋の知と日本の知

「人間の力」を再構築するという試みの前に、過去から受け継がれてきた知について振り返るのは有用であるだろう。日本には東洋の伝統的な知と、明治以降西洋から学んだ知とがある。

西洋の知である近代科学は、部分を理解すれば全体を完全に理解できるという要素還元主義が基盤となっている（物事は小さな単位（アトム）に分けることができるという考えは、ギリシア時代にすでに見られる）。近代の有名な哲学者であり医学も学んだルネ・デカルトは、人間は精神と肉体機械でできていると考えた。近代医学は、この人間機械論に基づいて発展してきたものである。

要素還元主義によって我々が得たものは大であるが、失ったものも少なくはない。自然の対象を要素に還元する考え方からは、自然を制御し支配できるという認識が生まれ、環境破壊の遠因の１つとなった。また、本来は人間の暮らしを豊かにし幸せにするはずのお金やものが人間を支配するという逆転現象や、市場経済においてより多くのお金を生むために人間や自然環境が使い捨てられるという現象が起こる背景にも、要素還元主義的な見方は関わっている。

我々が今直面している閉塞状況は、西洋の機械論的パラダイムの行き詰まりとも言えるだろう。これに対する有効な打開策を見出すために、ここで、西洋とは違う伝統と歴史を持つ日本の知に着目することにしたい。日本の知の伝統について、例えば野中ら（1996）は、「主客一体」「自他統一」「心身一如」という３つの特徴をあげている。

「主客一体」とは、人間は自然と一体であるという知である。その実例は、「万葉集」に歌われた自然への共感や江戸町人文化の「粋」などに見られる。自然と人間は一体で補完関係にあるという考え方は、持続可能な社会を作る上で、非常に重要な考え方であると思われる。

「心身一如」とは、禅僧栄西が到達した境地であり、武士道にも影響を与えている。新渡戸（1899）によれば、伝統的な武士道教育においては、心のあり方と体のあり方は一体不可分と考えられていたという。武士においては、知識が本当に獲得されるのは個人の人格と一体化された時だとされ、知識の習得よりも行動が重視されたという。また、野中によれば、これら「主客一体」「心身一如」といった考え方は、自己と他者を１つに結び付ける「自他統一」につながっていくという。

特に外国人と比べた時に日本人には個性がないと言われたりすることがあるが、それは、裏を返せば、周りに合わせて協調していく能力の高さの現れでもある。他に合わせて協調していく、その背景には、なんとなくでも「自他統一」の感覚があるのではないだろうか。「自他統一」の感覚を持っている日本に対して、西洋では自と他はあくまで自と他であり、決して交わることはない。その意味では、日本人がその中に生まれ育つことで自然と感受している「自他統一」は、非常に日本的な特徴であると言える。「人間の力をいかに再構築するか」という課題に対しては、日本にはこのような自他統一の共通感覚の土壌があることを踏まえて、（分析的な知だけでなく）総合的な思考と学びを基盤としながら取り組んでいくのが有効であろう。

次節では、この二種類の知（分析的・形式的な知／総合的・暗黙的な知）の関係について見ていくことにしよう。

第５節　形式知と暗黙知

言語化（＝形式化）できる知識は全体のごく一部であり、そのため、我々の社会の表面に出てくる知（形式知）は、知識全体のほんの一部である。大部分の表に出てこない知は、暗黙知と呼ばれる。前の項では、西洋的な知と日本的な知という対立軸で捉えたが、この形式知と暗黙知は実は相互に補完しあうものであり、相互作用を通して新たな知識を作り出し続けている。

暗 黙 知
暗 黙 知
暗黙知
① 共同化
Socialization
② 表出化
Externalization
形式知
暗黙知
④ 内面化
Internalization
③ 連結化
Combination
形式知
形 式 知
形 式 知

出典：野中・竹内（1997）93 頁。

図１　４つの知識の変換モード

このような循環による知識の創出は「知識の変換」と呼ばれている（野中、1996）。知識の変換モードには、図１に示したように、４種類あるとされる（野中、1996）。その４つとは、個人の暗黙知からグループの暗黙知を創造する「共同化」、暗黙知から形式知を創造する「表出化」、個別の形式知から体系的な形式知を創造する「連結化」、形式知から暗黙知を創造する「内面化」である。

共同化の実例は、いわゆる職人や匠の技の伝承である。また、組織内における技術伝達のプロセスも共同化である。連結化の実例としては、戦略を作成する際に組織内の情報が体系化されることなどがあげられる。内面化は、高度に体系化された戦略や技を繰り返し学習することにより、個人や組織の知恵として定着することである。そして、この４つの中でも、暗黙知を形式知に変換する表出化についてはこれまで軽視されることが多く、目下、表出のための工夫が様々におこなわれているところである。例えば、世界的な自動車会社であるトヨタの改善活動における作業標準書作成という過程は、まさに表出化である。

また、日本では暗黙知を暗黙知のまま伝えるという伝統もある。例えば師匠と弟子の長期的な関係により言葉を介さずになされる技術の伝承がそれであるが、それと同じことを教育の場面でおこなうのには限界がある。しかしながら、形式知を伝えるだけでは本当の知識にはならない。教育においては、暗黙知と形式知（マニュアル、ノウハウ）のバランスが重要となる。

本章のはじめに述べたように、ライフスキル教育は全人的な教育を目指すものである。したがって、それは、対処療法的なスキル指導や近視眼的な取り組みにとどまるものではなく、体系化された理論的枠組みに則っておこなわれるものでなければならない。また、ライフスキル教育の理論的枠組みを作るためには、従来の日本にあった全人的な教育の暗黙知を形式知化していく作業（表出化）が必要である。つまり、「見えない」ものを「見える」化し、その上での内面化が必要となるのである。日本におけるライフスキル教育は、そのような形で実現されなければならない。

文　献

野中郁次郎ほか『知識創造企業』東洋経済新報社、1996 年。
M. ポランニー『暗黙知の次元』紀伊國屋書店、1966 年。
新渡戸稲造『武士道』1899 年。
岸野雄三ほか『スポーツ大事典』大修館書店、1987 年。

第1部

暗黙知を伝えるライフスキル教育

第1章　現代社会が失いつつあるもの

第1節　「個人化」する現代

「制度」の崩壊と「個人化」

戦後60年あまりが経過した。ここ数十年で、日本の社会は大きく変容している。これまで自然で自明と思われてきた「制度」が、絶対的な存在でなくなってきている。国家という権威により使命と正当性を与えられていた「学校」もそうであるし、終身雇用制と年功序列賃金制度という日本型システムの下、全人格的に従属していれば安定した生活を保証された「職場」も、個人が全面的な拠り所にすることができた「家族」も、もはやそうした存在ではなくなりつつある。

その背景には、社会の変化により、個人の存在に先立って存在し、そこに丸ごと帰属してさえいれば自動的に生き方を指示してくれた「制度」の枠組みが有効に機能しなくなりつつあることがあげられる。個人が制度に先立つようになったとも言い換えられるだろう。これは、個人が社会の縛りから以前より自由になったということでもあるが、反面、帰属先のない孤独感を多くの個人にもたらしてもいる。

第1節では、こうした社会の変容を、行政、企業、情報、知の4側面から分析する。

「行政」の変容

行政の分野の変容としては、中央集権から地方自治・分権へという流れがある。これは、「行政」を「経営」という観点から合理化していこうという流れでもある。さらには、「統制」「体制」から「戦略」へと発想を変えようという変化でもある。

この変容の背景には、今よりもより良く生活したいという意識に目覚めた市民、つまり生活者市民——英語では「ライフ・イノベーター」と呼ばれる市民——の出現がある。従来、個人は社会に対する均質なステークホルダー（利害関係者）と考えられてきた。しかし現実には、個人は住民であると同時に、例えば納税者や投票者でもある。また、企業に対しても勤労者であると共に消費者でもある。現代の特徴の１つは、このようにステークホルダーが重複していることである。

地域の活動の主体が、行政（第一セクター）、企業（第二セクター）、公益法人（かつての第三セクター）といったものに加えて、NPO 法人、コミュニティービジネスなどに代表される市民セクター（現在の第三セクター）へと広がってきたのは、この変化を反映している。

「企業」の変容

日本の社会が一定レベルの豊かさに達した現在、企業においても、不特定多数市場に向け標準化された大量生産・大量販売方式という従来のやり方では手詰まりとなっている。個人の消費行動が市場を左右するようになり、企業にも地域の一員としての視点が必要となっているのである。つまり、企業市民という立場に立ち、消費者との意思疎通を図ることが、企業の持続可能性を高めると考えられるようになったのである。そこから、今、さかんに主張される CSR（Corporate Social Responsibility、企業の社会的責任）が唱えられるようになった。

この CSR は、伝統的な経済学理論に依拠したフリードマンやハイエクなどの「経済的成果を達成することが企業の社会的責任である」とする古典理論や、ドラッガーなどの「株主と社会一般（従業員や消費者など、会社の意志決定によって直接的な影響を受ける人々）への社会的責任である」とするステークホルダー理論や、フィランソロピー活動（慈善活動）などに見られる社会的要請理論とは少し異なる。今、唱えられているCSRの考え方は、企業が「単体の社会的活動者」として正義や倫理、つまり道徳的目的を持つべきだとする点に特徴がある。

「情報」メディアの変容

現代社会における情報の重要性については言うまでもない。そのエポックは、新しいコミュニケーションツールとしてのインターネットの登場であるが、ポイントは、これによって人々の間に結ばれる関係が変容したことにある。従来の新聞・テレビを代表とする情報メディアは「発信先」と「受け手」が固定的で一方的な関係であった。それに対してインターネットによって、個人が受け手であると同時に発信先にもなりうる双方向の関係が可能になった。そして、個人が情報ネットワークのつなぎ目となるようになった。

しかし、その一方では、これまで想像もされてこなかった危険や問題も生じ、それらに対応する新たなルールの合意形成が目下の課題であると言えよう。また、情報リテラシー――すなわち必要な情報を効果的・効率的な手段で得る能力や、その情報の価値や真偽を評価できる能力――を育てる教育が今後重要となるだろう。

「知」の変容

現代社会にあっては、「知」も変容している。すなわち、知を探求する最高学府である大学に、競争と市場の原理が導入されたことである。これまで所与として存在した大学における「知」の権威が、問い直される時代となったと言えるだろう。

この背景には、従来の専門的な「知」だけでは、現代の複雑で多層的な社会に起こる問題を解決できなくなっているということがあげられる。これから学問を担っていく者は、中立的立場・客観的分析という学問の基本的手法を駆使しながら、現実の具体的な事例を解決していくという実践的態度が望まれているのである。そして、その際には、当事者意識と結果責任を担う姿勢、すなわち、現実にコミットしていく姿勢が重要となる。

以上、日本の社会構造の変容を「制度」と「個人化」という切り口で概観した。

こうした変化の背景には、戦後、産業化が加速したことがあげられる。産業化の急速な進展は、地方の住民を都市部に流入させ、旧来の地域コミュニティの崩壊を招いた。日本においてのみ成立する可能性があるとされていた職場コミュニティも、アメリカ的経営（株主優先の経営や成果主義）の導入によってその基盤が揺らいでいる。こうした人間関係の希薄化はソーシャルキャピタル（社会関係資本）毀損の一因となっている。互酬関係は、互いの顔が見えることが前提となる。現在のセーフティ・ネットなき競争社会は地域コミュニティ崩壊の結果であり、ここから社会的格差も広がりつつある。

今、希求されるのは、「制度」と「個人化」のバランスの良い状態を探ることである。「個人を尊重する制度設計」と「利己主義に陥らない個人主義」が今後の社会形成のキーワードとなるであろう。

第２節　現代社会が子どもたちに与える影響

現代社会におけるこうした個人化の傾向は、核家族化の進行、共同体としての地域の崩壊、対人関係のスキルの衰退に如実に現れている。また、青少年の社会への不適応や問題行動も多発し、青少年期においていかに人格を形成するかという課題が、教育の大きなテーマとなっている。

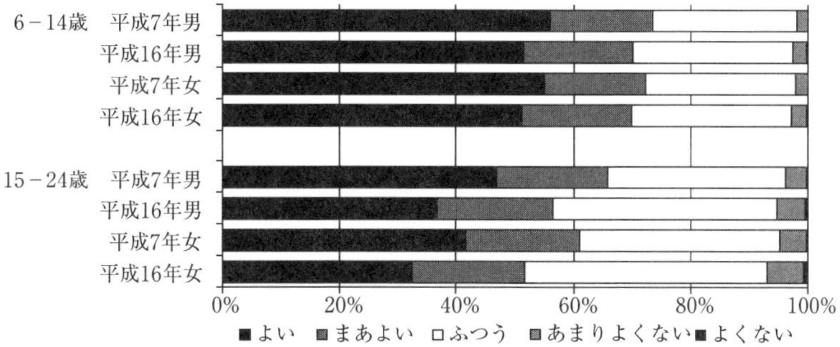

図1　健康意識の変化

子どもの心と身体の健康

子どもの心と身体の健康状態の変化を知る手がかりとして、厚生労働省の平成7年度と平成16年度の国民生活基礎調査[1)]を比較したい。図1は健康意識の割合を6歳から14歳の男女と15歳から24歳の男女について調査した結果である。年代、性別を問わず、「よい」または「まあよい」の割合が低下し、「あまりよくない」と「よくない」と回答する割合が増加している。

この調査からは、子どもの自覚的な健康状態は、以前に比べて悪くなっているということがうかがえる。この悪化の原因を特定することは難しいが、欠食、遊び場の減少、塾通いの増加、核家族化など、子どもを取り巻く生活環境の変化が、彼らの心身に悪影響を与えている可能性は否定できない。

例えば、遊び場が減少することで、子どもたちが思いきり身体を動かせる場所が減ることになる。また、皆で遊ぶことはコミュニケーションスキルを向上させる大切な機会である。例えば、自分の言った言葉で相手を傷つけることや、自分が傷つくことを経験してはじめて、その子の社会的スキルは育っていくのである。遊び場の現象はそうした機会をも奪ってしまうのである。

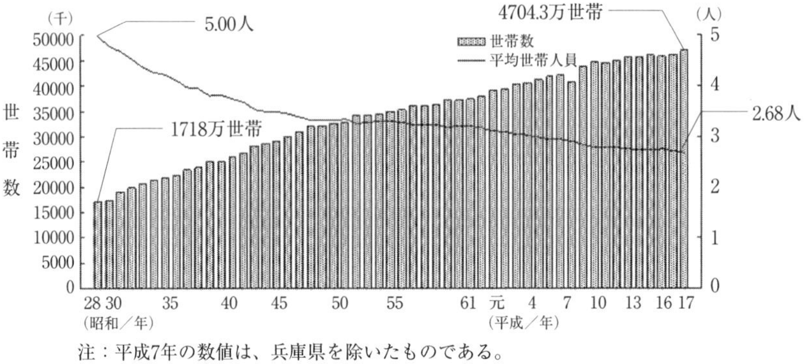

図2　平成17年度国民生活基礎調査・世帯数と平均世帯人員の年次推移

核家族化の影響

また、核家族化の影響についても考えてみたい。

図2は、平成17年度国民生活基礎調査・世帯数と平均世帯人員の年次推移[2)]である。

日本の世帯総数は、昭和28年には1718万世帯であったのが、平成17年には4704万3000世帯へと増加した。約50年のあいだにほぼ2.7倍となっている。一方、同じ時期の平均世帯人数を比べると、昭和28年の5人から平成17年の2.68人と半分程度に減少している。また、世帯構造別の統計[3)]では、三世代が同居している世帯は、昭和61年の15.3%から平成17年の9.7%へと減少している。

この調査からは、祖父母がいる家庭が少なくなり、子どもが1人の家庭が増えたことがうかがえる。祖父母が同居しないこと、兄弟姉妹がいないことが子どもに与える影響を断定的に論じることはできないが、祖父母や兄弟姉妹がいることでその子を取り巻く環境に幅が出ることは間違いない。例えば、祖父母を通して社会規範や地域とのつき合い方を知ることや、兄弟姉妹の関係から相手を敬うことや弱い者を労（いたわ）ること、喧嘩や挫折を通して自分の感情をどうコントロールしていくかなどを学ぶこともあるだろう。

その子を取り巻く緊密な人間関係の数が少なくなることは、こうした社会的なスキルを学ぶ機会が少なくなることを意味すると言えるだろう。

競争社会の影響

子どもの心身の健康が損なわれてきている背景の1つとして、競争社会についても触れておきたい。

子どもの実態調査（田近、2002）によれば、子どもたちの関係において競争はあらゆる場面に広がっているという。友達と呼び合いながらも、実際は、心を許す相手であるというよりは、常に競いあう敵なのだという。

敵に決して弱みを見せてはならないと思う子どもたちは、自分を表現することに対して臆病になる。彼らにとって、友達とは、一人ぼっちにならないため、軽くつきあうために必要なものであって、自分が「大事だと思うこと」や「良いと思うこと」といった自分の価値観を共有する相手ではない。

こうした子どもたちは、自分が傷つくこと、そして相手を傷つけることを恐れ、直接に相手と向きあうことを避ける傾向にあるという。また、自分のことを伝えようとしないことは、自分を伝える（表現する）能力を磨く機会を持たないことにもなる。

相手と真剣に向き合い、特に言葉によって、自分を素直に表現する「コミュニケーションスキル」を身につけることは、人が他の人達と折り合いをつけながら、共に生きていくために必要不可欠である。

第3節　人を作る3つの要素

「見えるもの」と「見えないもの」

人間を作る基本要素は3つあると考えられる。1つ目は、身体である。つまり、今それぞれの人に1つずつ備わっているその肉体のことである。2つ目は知性・頭脳、すなわち知識、思考能力である。「頭がいい」と

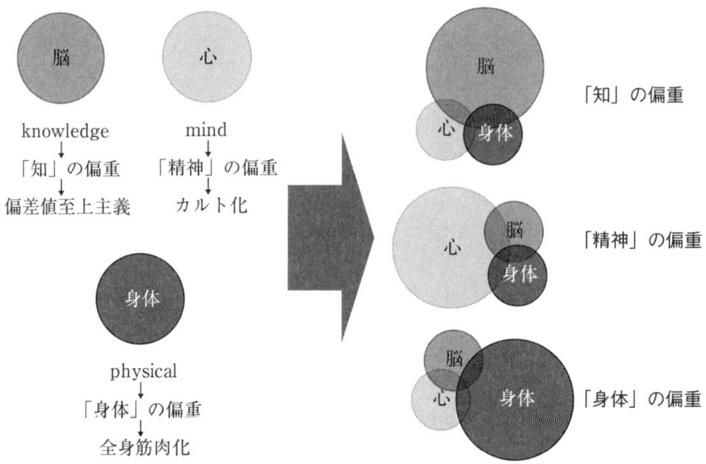

図3　人間の構成要素

言う時の「頭」のことでもある。3つ目は心で、これは精神、意志、意欲と言い換えることもできる。この3つが組み合わさって人間が成り立っていると考えてみよう。すると、図3に示したように、身体、頭脳、心という3つの円の組み合わせでその人の状態を表現することができる。

次に、この3つの要素それぞれが突出するとどうなるかを考えてみよう。まず、頭脳が突出すると、「知」の偏重が起こる。これが行き過ぎると、例えば偏差値という数値のみで人間を判断するような弊害をもたらす。

また、心が突出すると精神ばかりが強調されることになる。例えば、一部の宗教団体が独自の信念に執着してカルト化するということが起こるのは、そういう場合である。スポーツで言えば、極端な根性主義・精神主義である。

身体の偏重は、健全な思考や感受性の放棄につながる。スポーツさえできればそれで良いとか、勝てればそれで良いといった発想が生まれるのも、身体に偏っている時である。ドーピングで筋力を増強して、その時勝てればそれでいいという利那的な勝利にこだわることはその典型で

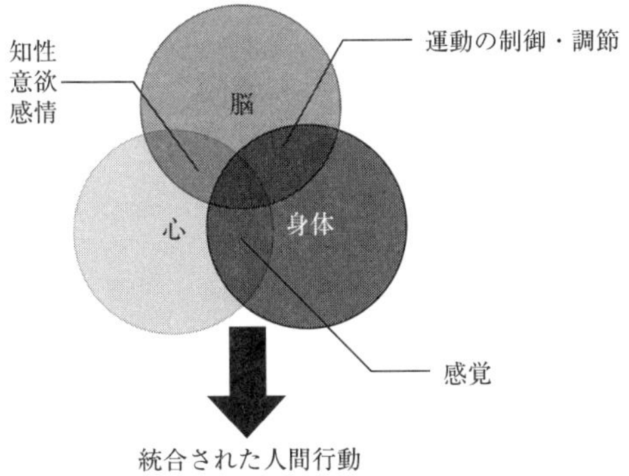

出典：小林寛道（1990）より筆者改変。

図４　「脳・心・身体」の統合体としての人間行動

ある。

身体、頭脳、心は互いに影響をおよぼしあいながら、それぞれ独自の機能を果たしている。これら３つがバランス良く重なった状態が理想なのだが、現在、この３つがばらばらであったり、本来あるべきバランスが崩れたりしていることが多いのではないだろうか。そして、このアンバランスが、現代人の抱える歪みや不安、居心地の悪さを生んでいるのではないだろうか。

全人教育

図４は身体と頭脳と心の望ましい結合を表したものである。頭脳と心は、知性と意欲と感情といった面で連関し、心と身体は感覚で結ばれ、身体と頭脳は運動のコントロールでつながり、これら３つの円がそれぞれに大きく、かつ同じくらいの大きさでバランス良く重なっているというのが理想である。３つが重なり合ったところから、統合された人間行動が発現するのである。

今、さかんに言われる「全人教育」が目指すのは、この３つの輪のバランスが取れた人間を育てることである。これは、一定の目的と方法によって合理化された体系である科学の知と、自分自身の行為による体験という実践の知の融合でもある。

しかし、実際には3つのうちのどれかに偏ってしまうことが多いのが現実である。パフォーマンスばかりを強調する人、専門分野の理論を机上で強調する人、あるいは精神力のみが物事を決定するとみなす人、といった具合である。

今後の教育を考える際には、物事には絶対的で、唯一の解決法というものがないことを肝に命じる必要がある。身体、頭脳、心は、どれかが主導的役割を果たすものではなく、互いに補完しあうものであり、それらのバランスが大切であることを認識しておくべきである。

第4節　暗黙知を伝える教育を実現するために

「知」の２つの側面 ── 形式知・暗黙知

我々は、自ら合理的と考えたやり方で、意識的に物事をなしている。例えば、より効率的に物を作り出せる方法を考えて実践したりしている。そこで使われる知識・思考は、意識的に一般化して操作できる種類のものであるから、他者にその方法を伝えることもできる。この知から生まれる成果については、数値化や目標設定に馴染みやすい。

このように、意識化が容易な知のことを、形式知と呼ぶ。すなわち、形式化（一般化）しやすく、他人にも簡単に伝達し共有することができるような知である。いわゆる「知識」と呼ばれるものはこの形式知の代表例である。現代社会に生まれ育った我々は、こうした形式知にばかり注目してきたと言えるかもしれない。

しかし、自分自身の生活を考えてみると、すべてが意識化可能でコントロールできることばかりではないことに気づくであろう。

例えば、我々は、規範や価値観を、自然に見聞き経験したことを通していつのまにか身につけている。それが「いつのまにか」であるという時点ですでに、意識のコントロールからこぼれ落ちている。

また、人間の行動の基礎は、実は形式知ではない。やる気や、精一杯やろうという姿勢、これらはすべて情的なものである。しかし、この「感情」は意識ではコントロールできない。例えば「やる気」を起こそうと努力しても、自分で直接その感情を引き起こすことはできない。また、感情は個人差も大きく、数値化もできない。近代社会において感情が否定的な扱いを受けてきたのは、このように主観的、非合理的なものとみなされたからである。しかし、感情こそが実は人の行為を決定しているのだということが、最近の脳科学やマーケティング理論でも指摘されている。

職人の仕事の「カン」とか「コツ」は、定量化しにくく、意識では把握する事が難しい。だからこそ、徒弟制度という形での教育がなされてきた。そして、この「カン」とか「コツ」が職人仕事のみに限ったことでないのは、何かにまじめに取り組んだことのある人ならば必ず気づくことであろう。こうした種類の知は、形式知に対して、暗黙知ということができるかもしれない。つまり、これは、言葉を介さず、気づきの経験を通して伝達される知である。

これまでの教育では、形式知の伝達のみが重視されてきた。これにより、最低限の知識や判断能力が多くの人に伝えられたことは事実であり、このことはまた、当時の教育における最重要課題でもあったと言えるだろう。

ところが、第2節で見たように、これまで社会に備わっていた教育の仕組みや企業のあり方に歪みが生じ、今後は、感情のコントロールの仕方や情的価値といった暗黙知を、教育においていかに伝えるかを考えるべき時に来ている。

「見えない」ものの「見える」化

意識化の難しい暗黙知や情的価値を伝える仕組みをどのように実現していくかが、今後の課題である。

ここで我々のとるべきスタンスが、昔はよかった、という単なるノスタルジアの次世代への押しつけであってはならない。そうではなく、時間的に過去のものである経験や精神などを、現在へ移行するシステムの構築をこそ目指すべきである。

システム構築のポイントは、現状および将来の動向を見据えながら、根拠（エビデンス）に基づきながら「見えない」ものを「見える」化（可視化）することである。

そして、暗黙知・情的価値教育のキーワードは醸成となる。醸成とは、知・価値を、時間をかけていつのまにか身につけていることである。暗黙知・情的価値を継承するには、多くの経験の選択肢を用意し、それぞれの人が可能な限りそれらを多く体験し、時間をかけてその体験と自分自身とを関係づけていく作業が必要不可欠である。

また、体験と気づきを通した変化を自らが自覚できるような仕組みを構築しなければならない。その際には、現代社会に合った具体的な「見える」化が必要である。例えば大学における学生の成長を、社会性（自己理解、地域理解など）、成果（知識習得、問題分析、意識継続、自己成長など）に分類し、その分類の妥当性をアンケート調査によって評価しながら、学生にもフィードバックしていく手法などが考えられる。

形式知を獲得し認知的レベルをあげた上で、暗黙知および情的価値を定着させることは、信頼、互酬性、ネットワークを核とする地域力形成に有効に作用し、バランスのとれた社会形成の一助となりうると考えられる。

注

1）厚生労働省大臣官房統計情報部社会統計課国民生活基礎調査室
平成 7 年度　http://www1-bm.mhlw.go.jp/toukei/ksk/htm/ksk019.html
平成 16 年度
http://www.mhlw.go.jp/toukei/saikin/hw/k-tyosa/k-tyosa04/3-5.html
2）厚生労働省大臣官房統計情報部社会統計課国民生活基礎調査室
http://www.mhlw.go.jp/toukei/saikin/hw/k-tyosa/k-tyosa05/1-1.html
3）厚生労働省大臣官房統計情報部社会統計課国民生活基礎調査室

http://www.mhlw.go.jp/toukei/saikin/hw/k-tyosa/k-tyosa05/1-1.html

文 献

井関利明ほか『ソーシャル・マネージメントの時代』第一法規、2005 年。
小林寛道『スポーツ医学Ⅱ』日本体力医学会、1990 年。
田近恂一編著『子どものコミュニケーション意識 ── こころ、ことばからかかわり合いをひらく』学文社、2002 年。
P. F. ドラッカー『ポスト資本主義社会』ダイヤモンド社、1993 年。
中山茂『近世日本の科学思想』講談社、1993 年。
広田照幸『教育』岩波書店、2004 年。
M. ポラニー『暗黙知の次元』紀伊國屋書店、1980 年。
松野弘『地域社会形成の思想と論理』ミネルヴァ書房、2004 年。
村上陽一郎『やりなおし教養講座』NTT 出版、2004 年。
横山勝彦ほか「文化装置としてのスポーツ ──「区分」社会からの脱却」『同志社保健体育』第 44 号、1-27 頁、2005 年。
横山勝彦ほか「身体学習における『模倣』の構造」『大阪教育大学紀要』第Ⅳ部門教育科学第 45 巻第 1 号、59-72 頁、1996 年。

第2章 ライフスキル
——現代社会の暗黙知

第1節 「ライフスキル」とは？

第1章において指摘したように、社会が大きく変化し、複雑化したことによって様々な問題が表出するようになった。その問題を解決するためには、これまで暗黙知の継承に役立ってきた全人的な教育に目を向け、社会として取り組む必要性が感じられる。それは具体的には、どのような取り組みであろうか。人材育成の観点において、意識化が困難であった暗黙知や情的価値を「見える」化する試みの1つとして、近年、ライフスキルという概念が注目されている。このライフスキルという概念が最初に登場したのは、心理学や社会学の学問分野である。

日常生活（ライフ）におけるスキル

ライフスキルの一般的な定義からまず紹介しよう。コーネル医科大学のボトヴィンは、ライフスキルを「複雑で困難な課題に満ちた社会の中で成功し、直面する多くの問題を効果的に取り扱うのに必要とされる一般的な、個人および社会的能力」(Botvin, 1979) と定義している。

また、世界保健機構（WHO）の精神保健局ライフスキルプロジェクトにおける定義では、「日常生活で生じる様々な問題や要求に対して、建設的かつ効果的に対処するために必要な心理社会能力」(WHO, 1997)

とされている。ダニッシュは「人々が現在の生活を自ら管理・統括し、将来のライフイベントをうまく乗り切るために必要な能力」(Danish, 1995) と定義している。

このようにライフスキルとは、スポーツや仕事上の任務といった限定された場面ではなく、ライフ、すなわち日常の場面で発揮されるスキルのことである。つまり、日常生活で発生する様々な問題やトラブルに対して、うまく対処し、より良く生きていくために必要な個人の力と言い換えることができるだろう。

日常生活に必要なスキルにも多様なものがある。パソコンの使い方、電車の乗り方、学生であれば授業でのノートの取り方やレポートの書き方なども日常生活で必要なスキルと言えよう。しかし、箸の使い方や自転車の乗り方といった身体的なスキルや読み書きなどは、ライフスキルとは区別して考えられている。日常生活で必要なスキルの中でも、特に心理的な問題や社会的な問題に対処するためのスキルをライフスキルと呼ぶことが多い。すなわち日常生活で発揮されるスキルのうち、特に心理的スキル、社会的スキルが一般にライフスキルと呼ばれている。

スキルという考え方

ここで、ライフスキルに「アビリティ (ability：能力)」ではなく「スキル (skil：技能)」という表現が使われていることに注目したい。スキルという表現には、「練習すれば上達する種類の、誰もが身につけられる」という含意がある。すなわち、生まれつきの才能やセンスによって決まるものではなく、練習や学習によって誰でもが獲得可能であるという印象を強める点において、「スキル」という表現が好んで用いられているのである。

例えば、スポーツの場面でボールを投げることや逆上がりをすることなどは、最初はうまくいかないことがあったとしても、適切に練習をすれば上達できると考えられる。これらは、スポーツにおける身体的スキルと呼ばれる。同様に、箸を使うことや自転車を乗りこなすことなども練習を通して上達可能であり、これは日常生活における身体的スキルと呼ばれる。

さて、スポーツ場面の例をあげると、緊張する状況におかれた時に気持ちを落ち着かせることも、練習によって身につけることができると考えられている。気持ちを落ち着かせる力は、練習によって獲得可能であるという点において、「リラクゼーションスキル」と呼ばれる。やる気を高めたり、リラックスしたり、集中したりすることも練習によって上達すると考えられ、これらのスキルは、身体的スキルと対比する形で、心理的スキルや社会的スキルと呼ばれるようになってきた。

健康的に生きるために、人間として成長するために必要なスキル

スキルという言葉には、「練習によって学習が可能である」という意味と、もう1つ、「そのスキル自体が目的ではない」という意味が込められている。スキルとは、ある目的や目標を達成するための「手段」であり、「方法」である。すなわち、スキル獲得の先には何らかの目標があるはずである。

ライフスキルの先にあるものは何であろうか。ライフスキルとは、「健康に生きる」という目標を達成するために、獲得するスキルである。WHOは「健康」を、「単に病気ではない、病弱ではないことではなく、身体的、精神的、社会的に完全に良好な状態」と定義している。したがって、ライフスキルとは、メンタルヘルスや生活の質（Quality of life, QOL）を向上させて、心身共に健康に生きることを達成するための具体的なスキルと言える。

したがって、ライフスキルとは、青年期に身につけることによって人間的な成長、精神的な成長が期待されるスキルであり、また、社会的に生きていくために必要なスキルでもある。

このようにライフスキルは本来は非常に多岐にわたるスキルを包括した幅広い概念ではある。しかし実際には社会環境の変容にともなう外的要因や生活習慣とも関わりの深いドラッグ、飲酒喫煙、いじめなどに対

応する、いわば時代の要請とも言えるテーマが中心的な現在の課題となっている。さらに、思春期妊娠、エイズなどのヘルスプロモーション、あるいは知的能力の向上といった個別的な対応もライフスキル教育の範疇に含まれている。

また、未成年者がタバコやアルコールやドラッグを勧められた時に、適切に対処する力もライフスキルと考えられる。その意味で青少年はライフスキルを身につけることによって、精神的・社会的健康を増進させ、周囲の人と適応し、建設的に行動することができるようになるのである。

第2節　ライフスキルの内容

ライフスキルとは、人間としての精神的な成長や社会性を促進する諸スキルの総称であることを前節で説明した。ライフスキルとは比較的大きな概念を示す単語であり、それはいくつかの具体的なスキルから構成されている。大きく分けると、対人的なスキルと個人的なスキルに分類される。対人的スキルとは、コミュニケーションスキルや他者と協調して物事を進めていくスキルなどである。個人的スキルとは、例えば、日常生活におけるストレスやプレッシャーにうまく対処するスキル、積極的に行動したり、精神的な健康度を高めたりするスキルなどである。

WHOでは、効果的コミュニケーション、対人関係、意志決定、問題解決、創造的思考、批判的思考、自己意識、共感性、情動への対処、ストレスへの対処という10の具体的スキルをライフスキルの構成要素としてあげている。以下では、これらを対人的スキル、思考法に関するスキル、感情やストレスの対処に関するスキルの3類型に分けて紹介したい。

対人的スキル

効果的コミュニケーションスキル（Effective communication skills）と

は、言語や非言語的表現を用いて、適切に、他者にメッセージを送ったり、他者からメッセージを受け取ったりするスキルである。相手に対して意見や要望をうまく伝えることだけでなく、欲求や恐れを相手にうまく表明したり、ドラッグや犯罪の誘いへの拒否を相手に適切に伝えたりすることも含まれる。さらに、必要な時には、アドバイスや助けを他者に求めることも効果的コミュニケーションスキルの１つである。

対人関係スキル（Interpersonal relationship skills）とは、好ましい方法で他者との関係を構築・維持するスキルである。友人や家族など周囲のメンバーと友好的な関係を構築することによって、社会的支援の基盤を獲得することになる。また、時には、適切な方法で他者との関係を終了することも対人関係スキルの１つと言える。

思考法に関するスキル

意志決定スキル（Decision making skills）とは、いくつかの選択肢の中から最も適切と思われるものを選択するスキルである。すなわち、ある問題や課題について判断や解決しなければいけない時に、考えられる選択肢について適切に評価し、行動するスキルのことである。このスキルを身につけていると、主体的に意志決定をおこなうことができる。

問題解決スキル（Problem solving skills）も意志決定スキルと類似の概念であり、直面する日常の問題を建設的に処理するスキルである。処理しなければいけない課題を未解決のままに放置してしまうと、精神的なストレスや身体的緊張の原因となることがあり、問題解決スキルを身につけることは心の健康維持増進には必要である。

創造的思考スキル（Creative thinking skills）と批判的思考スキル（Critical thinking skills）は、意志決定スキルや問題解決スキルに影響を与えるスキルである。創造的思考スキルとは、直接経験していないことであっても、自分で創造的に考えるスキルである。創造的思考スキルを身につけていると、どのような選択肢があるのかを考え、行動することあるいはしないことで、発生する様々な結果について考えることが可能になる。それにより、新たな選択肢の発見や自分が取る行動の影響について考えられる。批判的思考スキルとは、情報や経験を客観的に分析するスキルである。批判的という単語からは「否定する・非難する」という印象を持つかも知れないが、「無条件に受け入れることはない」というのが本来の意味である。すなわち、自分の頭で考えるという意味において、情報や経験を客観的に分析するスキルを指す。このスキルを身につけていると、自分や周りの価値観、仲間の圧力、メディアといった人々の行動や態度に影響する事柄を理解し、その正しさや確かさを評価することが可能になる。

感情やストレスの対処に関するスキル

自己認識（Self-awareness）とは、自分自身の長所や短所などを理解するスキルである。このスキルを身につけていると、どんな時にストレスを感じるか、緊張するかということを事前に理解することができる。自分自身の状態に気づくことができれば、問題が発生する前に対処することが可能になり、ストレス対処なども迅速におこなうことができる。また、自分自身を理解することは効果的なコミュニケーションや人間関係をうまく構築するだけでなく、他者への共感性を高めるのにも有効であることが多い。

共感性（Empathy）とは、他者の意見、感情、立場、気持ちなどを感じるスキルである。共感性を身につけていると、自分とはまったく異なる状況に置かれた人であったとしても、その人を理解して受け入れることができる。他者の感情を理解し、相手の立場に立って物事を考えることで、感性の違いを尊重することにつながる。ただし、共感は同情や哀れみとは区別される。

情動への対処（Coping with emotions）とは、怒りや喜びなどの感情をうまくコントロールするスキルである。これは、自分や他者の情動を認識し、情動が行動に与える影響を理解することで、情動に適切に対処するスキルである。また、怒りや悲しみのような強い情動にうまく対処することができないと、感情に依存した突発的な行動を取ったり、問題行動につながったりすることも考えられる。したがって、問題の発生を未然に防ぐためには、感情の働きを理解し、自分自身の感情に気づいて、うまく対処するこのスキルが重要となる。

ストレス対処（Coping with stress）スキルとは、自分自身のストレス状態を適切にコントロールするスキルである。日常生活におけるストレスの発生源を認識し、ストレスの影響を知ることもストレス対処のためには重要である。また、物理的環境やライフスタイルを変えることによって、ストレッサー（ストレスの原因）を少なくすることもこのスキルに含まれる。さらに、避けられないストレスによる緊張が心身に悪影響をおよぼさないようにするため、リラックスする具体的な方法を身につけることもストレス対処スキルである。

第3節　類似概念との相違

これまでは、ライフスキルについて、その定義および内容について概観してきた。これと似た概念に社会的スキル、心理的スキル、コンピテンシーなどと呼ばれるものがある。ここでは、それらを簡単に紹介したい。

社会的スキル

社会心理学の研究領域では、社会的スキル、あるいはソーシャルスキル（Social skills）が研究の対象とされてきた。社会的スキルとは「他者との関係や相互作用を巧みにおこなうために、練習として身につけた技能」（相川、2000）などと定義されている。社会心理学の研究領域では人間関係や集団などが研究対象であり、日常生活の中で人間関係をうまく構築するためのコミュニケーション能力や集団におけるリーダーシップについて論じられてきた。

社会的スキルの具体例をあげると、挨拶の仕方、会話の仕方、主張の仕方などがあり、これらは、対人関係など社会的な場面において要求されるスキルである。社会的スキルが欠如すると、人間関係が悪化したり、問題行動が発生したりすることの原因にもなる。

ゴールドスタインは、青年に必要な社会的スキルとして50のスキルをあげている。この50のスキルは、初歩的スキル、高度なスキル、情報処理のスキル、攻撃に代わるスキル、ストレスを処理するスキル、計画のスキルの6つに分類されている。菊池ら（1994）は、ゴールドスタインのリストに項目を追加して100のスキルをあげ、ゴールドスタインの6つのカテゴリーに、援助のスキル、異性とつきあうスキル、年上や年下とつきあうスキル、集団行動のスキル、異文化接触のスキルといったスキルを追加している。

心理的スキル

競技において優れた成績を修めるためには、身体的側面だけでなく心理面においても高い能力を備えていることが重要と捉えられるため、スポーツ心理学では選手の心理面の働きを研究対象としてきた。徳永（2005）によると、競技場面でスポーツ選手に必要な心理的競技能力は、競技意欲、精神の安定・集中、自信、作戦能力、協調性の5つに整理されるという。さらに、その中の競技意欲は、忍耐力、闘争心、自己実現意欲、勝利意欲から構成されるという。

このようなスポーツ選手に必要とされる能力は、一般に心理的スキルと表現されることが多い。スポーツ選手は多くの試合や練習を通してこれらを身につけていると考えられる（徳永、2005）。具体的には、勝利に向かって目標を設定し、練習メニューを組み立て、体調を管理するスキルや、お互いに情報を交換しあうなどのスキルである。これまでは、このようなトレーニングは、メンタルトレーニングと称されてきたが、近年では、心理的スキルトレーニングと表現することが多くなってきた。

海外の研究でも、スミスら（1995）はスポーツ選手に特有の心理的スキルとして7つのスキルをあげ、それらがパフォーマンスの向上やケガへの対処に大きく関係することを指摘している。このようなスキルは、スポーツ選手が競技をおこなう中で身につけることができる競技場面に限定されたスキルであり、心理的競技能力の中でも特に、「スポーツ状況スキル」と呼ばれている（上野、1998)。スポーツ状況スキルに関しては、近年、心理的競技能力診断検査（DIPCA）と呼ばれる心理テストを用いて多くのデータが蓄積されている。徳永らは、日本選手権などの全国レベルの大会に参加経験の多い群は、参加経験のない群と比較して、競技意欲、精神の安定・集中、自信、作戦能力の各因子が有意に高いことを報告している。また、10年以上のスポーツ経験を持つ者は、精神の安定・集中、自信、作戦能力の因子や忍耐力、闘争心で優れていると報告されている。

コンピテンシー

ライフスキルに似た概念であるコンピテンシーは、仕事においてより良い成果をあげるような行動特性を指す言葉である。

1970年代、産業心理学の分野では、仕事で高い業績を上げる要因を明らかにすべく、職務能力の分析が進められた。従来、職務遂行には、知識やスキルといった後天的な要素だけでなく、性格や人格といった先天的要因も重要だと考えられていた。それに対して、学歴や知能レベルが同等の外交官に大きな業績差が生じる理由を研究したハーバード大学の心理学者マクレランドは、後天的に獲得できる行動特性の中にも、高い業績や成果に直結するものがあることを見出し、これをコンピテンシーと名づけた。従来の抽象的な性格形容（「明るい」や「積極的」といった）ではなく、具体的な行動で捉えるところにコンピテンシーの特徴がある。

1990年代に入ると、コンピテンシーは、採用段階での職務における将来の業績と成果の予測や、あるいは人事管理や職能開発の分野でも使われるようになる。

具体的には、例えば、自動車や薬の営業職の人が高業績を上げるためには、顧客との人間関係を構築する「対人関係力」や、顧客の購買意欲を高めるための「戦略立案力」に関わる行動特性が必要となる。さらには、自己統制力、成果追求力、戦略遂行力、論理追求力、情報追求力、効率追求力に関わる行動特性が求められる。このほかにも、コンピテンシーには、製品開発や営業職など特定の業務や職務、あるいは業種や業界によって要求されるものが異なる。これらはそれぞれいくつかの行動特性を集めた形で、コンピテンシーは組織対応型、チームプレー型、プロジェクト対応型、リソース融合型などと呼ばれている。

第4節　ライフスキルの教育プログラム

ライフステージとライフスキル

現在の日本においてライフスキルを獲得させるための教育はどのような機関において、どのようなプログラムとして実施されているのであろうか。

人間としての成長段階にあわせて、その内容やプログラムも変化することが考えられるため、ライフステージと獲得すべきライフスキルの関係を整理し、図1に示した。社会人になった後については、第一義的には個人の責任である。また、その能力を求める組織の責任においてライフスキルの教育は実施されるべきものである。

一方、年齢に応じて実施されるべきライフスキル教育は、家庭内での幼児のしつけからはじまり、児童に対しては義務教育として社会生活をする上で最低限のスキルを獲得する場が用意されている。しかし、高校全入時代を迎え、さらに大学進学人口も増えた状況を考慮すると、公的なプログラムを教育の一環として実施することが必要だと思われるが、今のところは未整備である。

また、青少年期には、「知育」「徳育」「体育」がバランス良く実施さ

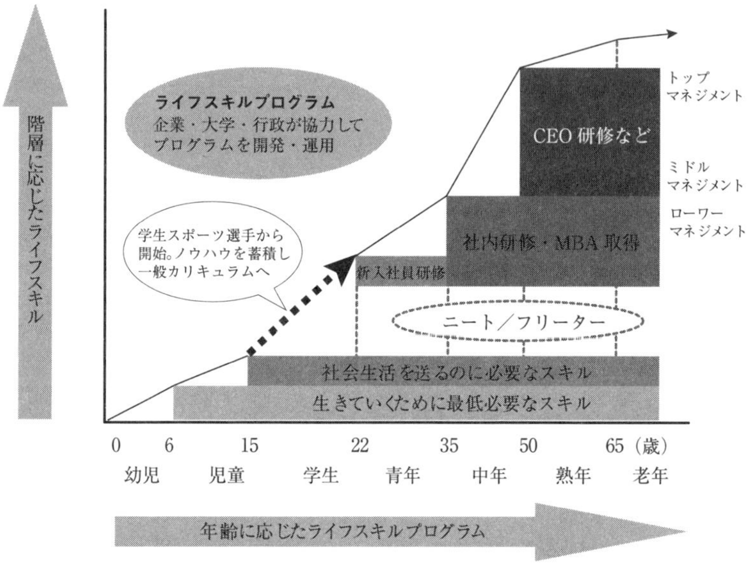

図1　ライフステージとライフスキル

れることが望ましいにもかかわらず、スポーツ選手に対しては「体育偏重」、進学希望の生徒には「知育偏重」と二極化しているのが現状である。その結果、「体育」と「知育」の狭間にあってライフスキルの基盤となる「徳育」は無視されがちである。トップレベルのスポーツ選手になることやトップ校への進学を目指したが挫折した生徒へのケアなど、セーフティ・ネットとしてのライフスキル教育が必要であると判断される。なお、このライフスキルの教育プログラムの実施については、教育現場の現状を理解することが有益であろう（第2部の第1章と第2章で詳述）。

就職とライフスキル

教育機関を卒業し、企業へ就職した者に対しては、多くの場合、新入社員教育が実施されると共に、OJT（On the job training、職場内訓練）を通して社会人としての一般常識やその会社に応じたスキルを身につける。そこでは、論理的思考法や創造的思考法、ストレス対処法を身につけたり、コミュニケーションスキルや対人関係スキルを高めたりすることがおこなわれている。企業が新卒採用にこだわるのは、他社の文化に染まっていないということと、社員の年齢構成のバランスを取るといった観点にある。

一方、フリーターに対する企業の評価は、内閣府の平成18年度版国民生活白書によると、「根気がなくいつやめるか分からない」、「責任感がない」、「年齢相応の技能、知識がない」、「職業に対する意識などの教育が必要」とネガティブなものとなっている。企業の中途採用に応募するためには「専門的な技術・知識」、「上司・同僚などとのコミュニケーション能力」、「接客など顧客対応能力」などが必要とされている。そこで、フリーター層は就職のためのスキル獲得を目的に、一般の教育訓練機関などの利用を目指すこととなる。しかし、フリーターは、当然のことながら、失業給付がないこととスキル獲得後の就業保証がないことという二重のリスクを背負っている。その意味においては、フリーターとなる前の段階、すなわち大学生などの段階におけるトレーニングが有効と判断される。

教育全体のレベル低下は国力と国際競争力の低下に直結する。そして、ソーシャルキャピタルの毀損は、信頼・安全などの維持にかかる社会的コストの増加につながる。ライフスキル教育プログラムが社会に対する大きな役割を果たし、早急に実施されるべき政策と判断される所以である。

企業とライフスキル

ライフスキルの教育プログラムは、ともすれば青少年のみを対象としたものと捉えられがちであるが、実はそうではなく、広い汎用性を有するものである。

ここでは、アメリカにおけるMBA（Master of Business Administration、経営学修士）を例として、ビジネスの世界でのより高度なスキルアップの観点からライフスキル教育を見てみよう。マサチューセッツ工科大学（MIT）スローン校で実施されているMBAプログラムを見ると、Economic Analysis for Business Decisions（ミクロ経済理論、完全競争市場、不完全競争市場、市場の失敗、ゲーム理論など）、Data, Models & Decisions（Decision Tree、確率論、サンプリング、回帰分析など）、Finance Theory（割引現在価値、債券価格、株式価格、ポートフォリオ理論、デリバティブの基礎などファイナンスの基礎）といった高度な専門的科目に加えて、Critical Thinkng（批判的思考法）、Logical Thinking（論理的思考）、Stress Management（ストレスへの対処法）、Negotiation（交渉術）など、WHOが提示したライフスキルに相当する科目が見られる。

アメリカの大学では、もともとスポーツ選手を対象としてスタートしたライフスキル教育が一般学生にも拡大して実施されるようになった。現在では、アメリカの大学においては、社会人として自立・自律するためにライフスキルに関する基礎的な講義が実施されている。そして、さらに意欲のある者が専門的な資格や能力を得るために経営大学院（MBA）などに挑戦し、その能力や技量をさらに向上させるという仕組みとなっている。

特に、この分野におけるプログラムについては、ライフステージの観点から見ると、ミドルマネジメント層からトップマネジメント層へ、トップマネジメント層から最高経営責任者（Chief Executive Officer、CEO）あるいは最高執行責任者（Chief Operating Officer、COO）へというように、より上位のステージを獲得するためのスキルであり、教育的な色彩よりビジネスにおける優越したスキルの獲得、もしくは自己実現を図るための手段としての色彩が強くなっている。

文　献

相川充『人づきあいの技術 —— 社会的スキルの心理学』サイエンス社、2000年。

相原孝夫『コンピテンシー活用の実際』日経文庫、2002 年。
上野耕平、中込四郎「運動部活動への参加による生徒のライフスキル獲得に関する研究」『体育学研究』43、1998 年、33-42 頁。
金子郁容『学校評価』筑摩書房、2005 年。
川口智久『体育原理Ⅱスポーツの概念』不昧堂出版、1984 年。
菊池章夫『社会的スキルの心理学』川島書店、1994 年。
『新英和中辞典』研究社、1985 年。
WHO 編（川畑徹朗ほか監訳）『WHO・ライフスキル教育プログラム』大修館書店、1997 年。
徳永幹雄『教養としてのスポーツ心理学』大修館書店、2005 年。
徳永幹雄「スポーツ選手の心理的競技能力のトレーニングに関する研究（4）── 診断テストの作成」『健康科学』10、1988 年、73-84 頁。
肥田一信「アウトプレースメントをめぐる雇用政策」（同志社大学大学院法学研究科修士論文）2005 年。
横山勝彦ほか「スポーツ選手のセカンドキャリアに対する環境整備」『同志社大学保健体育』第 43 号、2004 年、1-26 頁。
Botvin, G. J., Eng, A. and Williams, C. L., "Preventing the onset of cigarette smoking through life skills training", *Prev. Med.* 9, pp. 135-143, 1980.
Danish, S. J., Petitpas, A. J., and Hale, B. D., "Psychological interventions: A life development model", in: Murphy, S. M. (Eds.), *Sport psychology Interventions. Human Kinetics*, pp. 19-38, 1995.
Goldstein, A. P., Sprafkin, R. P., Gershaw, N. and Klein, P., *Skill-Streaming the Adolescent: A structured learning approach to teaching prosocial skills*, Research Press, 1980.
Smith, R. E. et al., "Development and validation of a multidimensional measure of sport-specific psychological skills: The athletic coping skills inventory-28", *J Sport Exerc Psychol* 17, pp. 379-398, 1995.

第3章　スポーツとライフスキル

第1節　ライフスキル教育になぜスポーツを重視するか

スポーツの語源と定義

スポーツの語源には諸説あるが、一般的なのは、デポルターレ(deportare)というラテン語から転用されたという説である。デポルターレからデスポルト、デスポート、そしてスポーツとなったという。このデポルターレの意味は、de（away）と portare（carry）が組み合わさったもので、Carry away（運び去る、取り除く）という英語に翻訳することができる。さて、何を取り除くのだろうか。答えは、不安である。つまり、心の不安を身体を動かしてどこかへ運び去る、心を開放する、それがスポーツが持つ基本的な意味である。現在よりも飢饉や病気で平均寿命が短かった昔の不安は、今よりももっと深刻であったであろう。そうした中で、身体を使ってストレスを発散したというのが、スポーツのはじまりである。スポーツにどこか、仕事から離れる、遊ぶ、という要素があるのはそのためである。すなわち、スポーツとは遊びを本質的な属性とする身体運動文化と定義できるだろう。

ただ、日本で遊びと言うと、一般的に軽く見なされがちである。そして、これが日本におけるスポーツの社会的地位を低くしている一因ともなっている。しかし、実際は、遊びとは人間をトータルで考える際には、非常に重要な概念となる。遊ぶことは、基本的人権の1つとも言ってもよいほどである。

ところで、前述したように、人間には頭脳、身体、心という3つの要素がある。スポーツの素晴らしさは、これら3つが一瞬のうちに合わさって発揮される場であることにある。スポーツの華麗なプレーを見て、人が賞賛し、あこがれ、本能的にすごいと感じるのは、統合体としての人間を感受するからである。人はそこに、人間が本来は全体的な存在であることを無意識のうちに確認するのである。スポーツの意義は、管理社会からの脱出、合理・機械的システムの超克、すなわち、「人間復興」にある。

高水準に統合された人間行動

このように、スポーツは、人間の身体・頭脳・心が高水準に統合された行動と捉えられる。したがって、スポーツを教えることはライフスキル教育そのものとも考えられるのである。しかし、残念ながら、現在はそうはなっていない。

なぜならば、スポーツには勝ち負けがある。だからこれまでのスポーツについての研究は、勝つこと――つまりパフォーマンス――に直結しやすい、医学や生理学あるいは栄養学からの自然科学的アプローチが主流であった。これらは一般的にはスポーツ科学と呼ばれてきた。ところが、そうして獲得された卓越したスポーツ技術も、単なる表層的な理解にとどまっていることが多い。

また、今、トップアスリートには多くのスタッフの協力がある。乱暴に表現すると、スポーツができることのみを目指してサイボーグ的に作られ、本人の人間的な成長については、十分にケアされていない選手も少なくない。

スポーツが社会的に良い影響を持ちうると認知されるためには、スポーツに関わる者たちが、スポーツを文化と捉えることから始めなければならない。そこから、スポーツが我々の社会にとってかけがえのない公共財であるという認識を広げていく必要がある。

この実現には、何よりもスポーツに関わる人々の社会性を高めなければならない。これには2つのポイントがある。1つは、プロ、アマに関わらず、社会的に求心性を持つ選手自身の認知レベル（基礎学力・教養）を向上させることである。スポーツさえできれば勉強ができなくても、あるいは、常識がなくても良い、という考えは、スポーツが教育において有効な役割を果たす妨げになるだろう。

もう1つは、スポーツの仕組みづくりに関わる人々の意識改革である。現場の指導者、プロの経営者やスタッフ、学校長や教職員といった人々が、スポーツの位置づけについて、過小評価あるいは過大評価することなく客観的に認識する必要がある。

スポーツがその原点に戻り、ライフスキル教育として重視されるためにも、逆説的ではあるが、ライフスキル教育によってスポーツの再生に着手する必要があるのである。

第2節　近代スポーツの誕生と日本への伝播

近代スポーツの歴史は、18世紀イギリスにさかのぼる。それまで各地域の信仰や習慣と深く結びついて楽しまれていた種々の球技や狩猟のような娯楽が、上流階級を巻き込み、余暇を楽しむ方法として、あるいは新しい文化伝承の装置として、近代スポーツに生まれ変わったのである。

近代スポーツの「ふるさと」イギリスでは、18世紀から19世紀にかけて、ゴルフ、競馬、クリケット、テニス、サッカー、ラグビー、射撃、アーチェリー、陸上競技、水泳、漕艇、ヨット、テニス、ボクシング、ホッケー、バドミントン、卓球、ポロ、スカッシュなどの多くのスポーツ競技が誕生した。

では、なぜイギリスにこのような多くのスポーツ競技が誕生したのであろうか。その理由を文明化の過程[1)]、産業革命、パブリックスクールの3つの視点から考える。

イギリスにおけるスポーツ発祥の背景

多木（1995）によると、人間は長い期間にわたる変化の中で、感情や行動の新しい標準を作りだしてきた。その変化は西欧では中世からゆっくりと進み、16世紀からあとの支配階級の中でドラスティックな現れ方をした。こうした長期間の変動が文明化の過程と言われている。これをスポーツにあてはめてみると、近代スポーツの1つの特徴は、身体の闘争であるにもかかわらず、そこから暴力的な要素を除き、身体の振る舞いに対してある規則を課したことにある。闘争ではあるが、相手を傷つけてはならないし、ましてや死に到らしめてはならないのである。このことは、ストリート・ファイティングと近代ボクシングを比較して考えればよく理解できる。すなわち、文明化の1つの現象である非暴力化の傾向がなければ、近代スポーツは生まれて来なかったのである。

18世紀後半から19世紀前半にかけて起きた産業革命は、農業・手工業の社会から工業社会へと社会を変化させ、スポーツにも大きな影響を与えた。まず、都市部で工業労働者の需要が高まり、農村から都市部に大量の人口が移動した。このことが農村共同体の解体と伝統的な民俗スポーツの崩壊をもたらし、近代スポーツの発展を後押しすることになった。また、工業化の進展にともない、徐々にではあるが労働者の労働時間の短縮や賃金の上昇が起こり、スポーツをおこなうゆとりを持てるようになった。これも、その時期にスポーツがさかんになった要因の1つである。

産業革命による社会構造の変化は、市民階層の中から中産階級を勃興させた。政治経済の中心的階層が、貴族・ジェントリーなどの領主や地主階層から中産階級へと移動し、これにより、パブリックスクールに中産階級の子弟が入学するようになった。この頃、スポーツがジェントルマンを育てる上で有効な手立てであるとの認識が高まったため、パブリックスクールでの教育に取り入れられた。これもまたスポーツが広まる要因となった。

近代スポーツの日本への伝播

イギリスで誕生した近代スポーツは、大英帝国の植民地政策と共に世界各地に広がった。日本には、明治時代初期にスポーツ競技が伝えられている。

近代国家の建設を目指す明治政府は、外国に広く有意な人材を求めた。そのために多数の外国人教師が来日することとなるが、彼らと共に、彼らが母国で修得したスポーツも日本に伝えられることとなった。当時はスポーツという外来語にうまく対応する訳語が存在せず、英語の sport という言葉がそのまま使用された。以下では、数種目を事例にその始まりについて概観する。

日本野球の始まりは1872年のことである。現在の東京大学の前身、第一大学区第一番中学で英語と数学を担当していたホーレス・ウイルソン（1871年来日）が、学生たちに野球を指導したという記録が残っている。その後、野球は第一高等学校を中心に全国に広がっていった。

1873年、東京築地にあった海軍兵学寮に教官としてイギリス海軍のダグラス少佐が来日した。『海軍創設史』（篠原、1986）によれば、海軍の訓練は「強健な身体」を条件としていたが、当時の生徒は外国の知識の修得に汲々として身体の訓練を怠っていた。そこで、サッカーを通して身体の養成をおこなったと記されている。また、1905年イギリス人教師のデ・ハビランドが東京高等師範学校（現筑波大学）とその付属中学校でサッカーを指導し、その卒業生が地方にサッカーを広めていった。そして、1878年にはG. A. リーランドがローンテニスを体操伝習所で、1899年にはE. B. クラークがラグビーを慶応義塾大学で教えている。

他方、外国に留学した日本人が留学先で習ったスポーツを日本に持ち帰ってきた例もある。1908年、国際YMCAトレーニングスクールを卒業した大森兵蔵が、東京YMCAの初代体育部主事となり、バスケットボールとバレーボールを最初に紹介している。

このようにして近代スポーツ競技が、日本に普及してきたのだが、周知のように、日本にはスポーツが伝えられる以前から相撲、剣道、空手、柔道、弓道といった独自の身体運動文化である武道が存在していた。これら武道は、もともと戦場における格闘技術として発達したものであるが、平和な近世では戦技としての実用価値が薄れ、むしろ心身の鍛錬として位置づけられるようになっていた。この武道とスポーツという2つの流れが存在することが日本の特徴であり、今日相互に影響しあいながら発展してきている[2)]。

第3節　スポーツの精神と武道の精神

スポーツの精神

イギリスには、「It is not cricket」という慣用句がある。直訳すると、「それはクリケットではない」となるが、もちろんそのような意味ではなく、「それは公正ではない」ということを表現する慣用句である。ここでは、今もなお読みつがれている池田潔の『自由と規律 —— イギリスの学校生活』(1949) に依拠し、It is not cricketという表現が生まれたエピソードを紹介することで、スポーツの精神性を考えたい。

池田によると、スポーツマンシップとは「対等の条件でのみ勝負に臨む心掛け」、「不当に有利な立場で勝負することを拒否する精神」である。そして、この精神は、スポーツが生活の一部としてすべての人に染み渡っているイギリス社会においては、空気のように社会全体に溶け込んでいるものであると言う。このようなスポーツマンシップと社会の整合性を象徴する事例として、池田は、ある大学の給仕を務める老人から聞いた、クリケットのゲームでの出来事について記述している。

クリケットには「センチュリー」という言葉がある。それは打者が1

ゲームに100点またはそれ以上をスコアすることを指し、その価値は野球に例えるとホームランに相当するものである。この「センチュリー」において、過去50年間誰も更新していない在学中20回のセンチュリーという大記録を目前にした選手がいたという。彼は、第1日目に123点を獲得し、この大記録にタイとし、第2日目の夕方近くに遂に99までスコアした。すると、今まで守備についていた敵方の選手たちが、誰ともなく走り出してパビリオンに入ってしまった。一人残った投手は、コースのど真ん中に緩やかな優しい球を投じた。しかし、打者は二、三歩左に踏み出すと、およそ球とは3尺も離れた空間に向かってバットをクルリと振り回し、アウトになったという。そして打者は右手に帽子をとって軽く一礼すると、パビリオンに向かって顎を引き、胸を張って歩き出した。この光景を目の当たりにした観衆からは、嵐のような拍手が起こった。白髪の先輩連は、暑くもないのに眼の汗を拭きながら膝を打ったという。

池田が言うスポーツマンシップの真髄がここに見られる。スポーツにおいては、フェア（公正）であることは、記録達成という快挙よりも大切なものなのであり、そうあろうとすることを許す社会も存在していたのである。このように、スポーツマンシップという言葉に含まれる理念は、スポーツにおいてフェアであること、ベストを尽くすことだけではなく、社会のあらゆる場面における公正を意味するものであると言えるだろう。こうして、It is not cricket. という言葉は、不公正な行動を戒める慣用句となったのである。

武道の精神

武道では技術だけでなく心の修行が非常に重視されている。武道には、禅宗から入ってきた言葉である「心身一如」という言葉がある。ここでは、ドイツの哲学者オイゲン・ヘリゲルの『弓と禅』（1981）から武道の精神である「心身一如」について考えたい。

ヘリゲルは、1924年から6年間、東北帝国大学で講師をするかたわら、阿波研造師範に弟子入りして弓道の稽古をした。『弓と禅』は、その時の様子を記録した本である。

ヘリゲルは弓射の諸動作について、師範から最初にこのように指導される。「弓を射ることは、筋肉を強めるためのものではないということに注意して下さい。弓の弦を引っ張るのに全身の力を働かせてはなりません。そうでなくて両手だけにその仕事をまかせ、他方腕と肩の筋肉はどこまでも力を抜いて、まるで関わりのないようにじっと見ているのだということを学ばなければなりません」。

武道では動作の理想の形である型が重視される。それは、型を何度も何度も繰り返すことで、運動に必要な筋肉だけが最低限必要な動きをし、それ以外の全身はリラックスしているという状態を実現できるようになるからである。腕で弓を引こうと意識すれば、必ずどこかに力みが入る。師が教えたのは、己の腕で弓を引くという意識を忘れること、それはすなわち、力みを抜くことである。これは、心で射ると表現されている。

1年が経ち、ようやく「精神的に」引くことができるようになると、今度は、矢を放つ時の心構えについて、師はこう言った。「あなたは何をしなければならないかを考えてはいけません。どのように放れをやるべきであるかとあれこれ考えてはならないのです。射というものは実際、射手自身がびっくりするような時にだけ滑らかになるのです。すなわちあなたは右手を故意に開いてはいけません。」つまり、良くやろうとか、こうすれば良くなるのではないかということを、人は常に考えているものであるが、射においてはそれをするなと師は教えているのである。なぜなら、どうしようこうしようが入っては、滑らかな本当の射には決してなりえないからである。

5年の修行を経て、ヘリゲルは、ついにこのような心境に至る。「いったい弓を引くのは私でしょうか、それとも私を一杯に引き絞るのが弓でしょうか。的にあてるのは私でしょうか、それとも的が私にあたるのでしょうか。……すなわち弓と矢と的と私とがお互いに内面的に絡みあっているので、もはや私はこれらを分離することができません。」

そして、ある時ヘリゲルは、弓を引く自分自身——つまり心——をも忘れ、無心で弓を引き絞ると同時に、身体が弓に引き絞られるのを経験した。その時、射る者（自分）のないまま、矢がひとりでに放れていった、気がつくと射がなされていた、という。

このように、自分が身体を動かすという意識を忘れ、さらにその自分をも忘れてしまうこと、これが心身一如という言葉が指している事態である。

ヘリゲルの稽古の最終段階の話までいくと、現代の私たちには飛躍しすぎて現実感がないかもしれない。しかし、武道には、極めて高度な精神の集中、つまり心身のコントロールの技術が存在することは、うかがえるのではないだろうか。

スポーツと武道の精神性

スポーツとは、前にもふれたが、ラテン語のデポルターレ（deportare）が語源とされている。これは、de（away）と portare（carry）が組みあわさったもので「ある物（不安）をある場所（人の心）から他の場所へ運び去る」という意味であった。それが、人間の内面の状態の変化に転用され、「気晴らし、楽しみ」を表現する言葉として使われるようになる。現在でも多くの人が、日常の緊張を解き放ってくれるものとして、またそれ自体の持つ楽しさからスポーツをしているだろう。だが、今一度、スポーツや武道に内包する精神を考えることも必要であろう。

「イギリス人にとってスポーツは真剣であり、神聖でさえある」（ヘリゲル、1981）というスポーツの捉え方には、「勝つに卑しき勝をとらず、敗れて見苦しからぬ敗をとらぬところに剣道の美しさがある」（阿部、1966）とする武道の真髄と相通ずるものがある。すなわち、スポーツも武道も共に、技を磨くことは心を磨くことであり、人間的修練であると理解されているのである。この点から、武道やスポーツといった身体文化が、日常的に遭遇する様々な場面にうまく対応する技能であるライフスキル獲得に有効に作用すると思われるのである[3)]。

第4節　本当の文武両道へ

スポーツ組織のガバナンス

現代のキーワードの1つは「地域」である。地域への参画や貢献、地域間の交流が、成熟社会実現への多くの可能性を開くだろう。スポーツはその「ハブ」となり、スポーツの持つ社会活性機能を利用して、コミュニティにおける様々なつながりをネットワーク化できるのであろう。地域力をソーシャルキャピタルとする動向に、スポーツは主導的な役割を担いうるのである。しかし、そのためには何よりもスポーツ組織体が変わる必要がある。

わかりあえる仲間づくり

選手と指導陣が互いに信頼しあえるスポーツ現場にするためには、指導者たちの意識改革が課題となる。コーチは、制度と個人の関係がこれまでとは逆転していることをまず認識する必要があるだろう。若い人たちがわからない、ジェネレーションギャップがあるとよく言われるが、発想を逆転して、不確かで気まぐれで予測不可能な青少年を、いかにしてスポーツという特定の枠組みのメンバーとして迎え入れるか、という意識を持つことが重要である。

理解しがたい他者を、どうすればわかりあえる仲間にできるか、という問題は、スポーツだけでなく、会社の上司部下であっても、学校の先輩後輩であっても直面するものであろう。スポーツにも、実に複雑な人間関係がある。監督とコーチ、監督・コーチとOB組織、監督・コーチと学生、という違う立場の人達の間で生じる軋轢を解消することに、ほとんどのエネルギーを使ってしまい、何のためのスポーツか、誰のためのクラブかよくわからない状態になってしまうケースも見受けられる。

コーチ（coach）には馬車という意味がある。その語源は、四輪馬車がはじめて使われたハンガリーの村の名前であるという。また、イギリスでは長距離バスのことをコーチと言う。すると、コーチの意味は、あるところから目的の場所へ、安全に早く楽に運ぶものと解釈できる。そこから転じて、指導者、家庭教師、指南役といった意味が生じた。日本語ではコーチと言うと主に運動指導者を指すようになっているが、最近では、企業でもコーチング（相手の自発的な行動を促進させる手法）という言葉が使われている。

関係性の構築

では、どのようにしてコーチと選手といった指導する者とされる者の有効な関係を、構築するのか。それには、互いの希望やそれに基づいた目標やその方法などをきちんと説明をするという姿勢がポイントとなる。日本式の「以心伝心」、「阿吽（あうん）の呼吸」も重要な考え方ではある。しかし、今重要なのは、説明をし、納得をさせ、結果責任をとることである。

大学ということで考えると、教育を提供する側の立場や考え方だけではなく、教育を受ける側の視点も入れることである。これは、いわゆる顧客起点と成果起点の発想を持つということである。

例えば、学生に個別のキャリアカウンセリングをし、どんな人生を送ってきたか（自己理解）と、これからどんな人生を送るのか（目標設定、意思決定）と、そのためにやらなければいけないこと（具体的な行動）の3つを明確にした上で、コーチがそれらを支援するといったやり方が望まれる。そして、目標設定においては、プロスポーツ選手になる学生であれば、人生設計と競技目標を分けて考えさせるのが望ましい。まず引退後の生活についてイメージさせ、これから始まる競技生活がそれに続いていくようにしなければならない。スポーツ選手が引退した後のセカンドキャリアをどうするか、彼らがそこで困らないようにサポート・教育することは、スポーツを薦める者たちの義務でもある。「オリンピック終わればただの人」、「競技の夢は見られても生活の夢は見られない」では、スポーツを成熟した文化とは呼べないのである。

インフォメーションからインテリジェンスへ

スポーツ界は、人生の選択肢が少ないという意味で非常に単線化していると言われる。スポーツ人は勉強している場合ではないといった雰囲気があるのである。大学の4年間で人生を終えるのであればそれで問題はないのであろうが、実際には人生はまだまだ続いていく。となれば、基礎学力・教養といった認知レベルをあげることが、今、一番スポーツに関わる者——プロ、アマ、支援者いずれのアクターであれ——に必要なことと思われる。

認知レベルが低いままのスポーツ選手が引退して、納得のいくセカンドキャリアを獲得するのはむずかしく、またお金と時間が多くかかる。そのような不本意な事態を防ぐためには、どうすればいいのだろうか。まず必要なのは、彼らが、自分に与えられた情報を適切に理解し、それを自分自身に即したより高い情報に変換する力を持つことである。つまり、インフォメーションという一般的で量的な情報を、自分自身で消化吸収し、インテリジェンスという戦略的な情報に加工する力をつけるということである。こうした力は、基礎学力・教養といったベース抜きには育たない。スポーツはまず基礎学力から、というような地道な努力は、一見遠回りのように見えるかもしれない。しかし、彼らの認知能力が上がってくれば肝心のスポーツ技術も必ず向上するはずである。

これには、前に述べたようにスポーツ以外の仲間との語らい、音楽や芸術などに触れるといった多くの体験の中から時間をかけて練ることが必要となる。同じような仲間やスポーツ関係者だけで群れていてもこの力はつかない。学生であれば授業に出席し、多くの教師の考え方や人柄に触れることを通して、自分のスポーツを客観的に捉えることである。授業に出るのはあたり前のことであるが、仲間と群れて教室に座るのではなく、積極的に授業を受ける（例えば一人で前の方に座る）姿勢が重要となる。それが本当の文武両道への入り口となる。そうしてはじめて、スポーツをする効用は勉学の場では集中力といったことに作用し、勉学の効用はスポーツの場での理解力の向上となるのである。

こうしたことを通して、学生は問題解決のための情報ネットワークを自分自身で構築できるようになるであろう。他者と対等に話し合い、合意を形成していく力は、この基礎の上でなければ築くことはできないのである。

注

1) エリアス (1995) は、スポーツと文明化の過程を詳細に論じている。
2) 井上 (1998) は、明治以後に日本に輸入されたスポーツと伝統的な武道の関係について詳細に論じている。
3) 杉山 (2004) は、スポーツとライフスキルについて詳細に論じている。

文 献

阿部忍『体育教師像・武道の現代化　体育原理』2、体育原理研究会、1996 年。
池田潔『自由と規律 ―― イギリスの学校生活』岩波書店、1949 年。
井上俊「近代日本におけるスポーツと武道」『変容する現代社会とスポーツ』(日本スポーツ社会学会編)、世界思想社、225-235 頁、1998 年。
N. エリアスほか (大平章訳)『スポーツと文明化 ―― 興奮の探求』 法政大学出版局、1995 年。
佐山和夫『明治 5 年のプレーボール ―― 初めて日本に野球を伝えた男　ウィルソン』NHK 出版、2002 年。
篠原宏『海軍創設史 ―― イギリス軍事顧問団の影』リブロポート、1986 年。
杉山佳生「スポーツとライフスキル」日本スポーツ心理学会編『最新スポーツ心理学 ―― その軌跡と展望』69-86 頁、2004 年。
多木浩二『スポーツを考える ―― 身体・資本・ナショナリズム』筑摩書房、1995 年。
O. ヘリゲル (稲富栄次郎ほか訳)『弓と禅』福村書店、1981 年。

第4章　アメリカのライフスキル教育

第1節　ライフスキルの源流

ライフスキルプログラムの起源

アメリカにおけるライフスキルプログラムは、表1に示したテーマを中心に取り組まれている。コーネル医科大学のボトヴィンやWHOが定義しているように、ライフスキルは内面的・外面的要因によって起こる様々な社会的な問題に対処する能力、いわゆるヘルスプロモーションとして、多様な広がりを見せている。

大学スポーツ選手が直面する様々な問題の解決法として、1980年代のアメリカで考案されたライフスキルプログラムのテーマの1つは、自立である。当時の社会状況を見ると、経済は低迷しており、治安が悪化し、行き過ぎた個人主義によりコミュニティが崩壊し、ソーシャルキャピタルが減退しつつあった。現在の日本における社会の動向と似た状況が、アメリカで起こっていたと言えるだろう。

この時期、スポーツ界でも多くの問題が発生していた。例えば、スタジアムのロッカールームでの発砲事件、選手間でのドラッグの蔓延、大学付近の治安悪化、スポーツ推薦で入学した学生が学業についていけないなど、荒廃した状況になっていた。さらに、学生時代だけでなく、卒業後の進路にも問題があった。当時のスポーツ選手を見ると、たとえプ

表1　ライフスキルプログラムのテーマ

・多民族国家が抱える問題の解決法としてのコミュニケーションスキル、ビジネススキルや社員研修を中心とするもの。
・社会生活上の問題（喫煙や若年での妊娠）を解決するため、学校における思春期以前に青少年教育として展開されるもの。
・大学スポーツ界で社会のロールモデルとしてトータルな人格形成のために実施され、卒業後の進路や社会的な影響と効果に資するもの。

ロになったとしても、激しい競争で生じるストレスに適切に対処できず、家庭内暴力や酒、ドラッグに走る者が多かった。また、選手寿命の短さと、基本的な社会生活能力の欠落から、引退後のセカンドキャリアにうまく移行できない者たちも多かった。

ライフスキルプログラムの広がり

NFL（ナショナル・フットボール・リーグ）選手会の報告では、次のように指摘されている[1)]。「NFLでの選手寿命は3年程度であり、ほとんどの選手が貯蓄もなく一般社会に戻る。彼らの離婚率は高く、28～30歳というこれからという時期に、夢や希望を失い、路頭に迷う者が多い。フットボールでスター選手として活躍することのみ夢見て、引退後の人生をイメージできず、その時の準備なしに人生を送ってきたからに他ならない。」

ネブラスカ大学のヘッドコーチであったトム・オズボーンズは、NFL選手会の報告を目にして、この現状は、大学スポーツにおいて選手も指導者も1つの領域（体育）しか重視してこなかったことに起因していると指摘した。

オズボーンズは知・徳・体の3つの領域に目を向けた教育が重要であるという考えに則り、ライフスキルには、スポーツでの達成、学業での達成、人間的な成長という3つの要素が含まれると考えた（図1）。そして、この3つを大学スポーツ選手へ、バランス良く指導していくことをライフスキル教育の基本とした[2)]。

スポーツ選手は、競技者である前に一人の人間である。人として社会

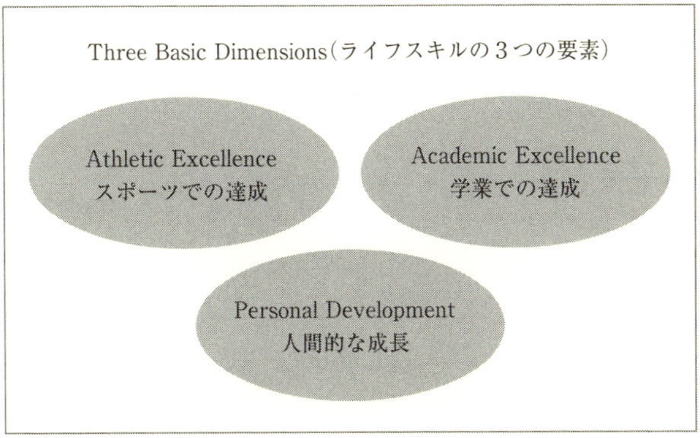

図１　オズボーンズによるライフスキルの３要素

で幸福に生きるためには、健康な身体に加えて、社会で必要とされるような豊かな知識と安定した心が必要である。そのような人間を育てるには、人を全体として育てる教育が必要である。こうした認識は、やがてスポーツを教える者の間にも広まってきた。そして、個別の指導者による個人的な取り組みであったライフスキル教育は、大学組織全体の取り組みに広がり、やがて全米へと広がった。

また、ライフスキル教育がスポーツ選手育成を超えて、一般社会にまで広まった要因として、ライフスキル教育のシステム化されたプログラムが構築されていたことがあげられる。次節では、その概略を見ることにしたい。

第2節　システム化されたライフスキルプログラム

トータルパーソンプログラム

学生スポーツ選手を対象とした支援体制としては、ジョージア工科大学のトータルパーソンプログラムが最初であろう。同大学では1981年からスポーツプログラムの改革がおこなわれていたが、その中核がトータルパーソンプログラムであった。このプログラムの大きな目的は、学生スポーツ選手が競技を引退した後、様々な分野へ進んだ時に必要となる社会で生き抜く力を身につけさせることであった。このプログラムは「心、魂、身体」がバランス良く成長することが大事だという理念に基づき、表2のように7つの柱から構成されている。

トータルパーソンプログラムの6番目に、学生スポーツ選手向けのライフスキル教育があり、具体的には「ストレスや時間の管理」、「性的欲求や感情の抑制と自覚」、「ドラッグ、アルコールとのつきあい方」、「場に応じた礼儀作法」、「スポーツ栄養学」などから構成されている。

ジョージア工科大学のプログラムで注目すべきは、プログラムを受ける学生自身がプログラムの有効性を評価する仕組みが組み込まれている点である。このプログラムを実施した結果、表3のような目覚ましい成果を得ることができたという。このような成果を受けて、NCAA (National Collegiate Athletic Association、全米大学体育協会、本書61頁参照)は、トータルパーソンプログラムをモデルとして、学生スポーツ選手を対象とした人間形成プログラムの開発や、NCAA加盟大学の独自プログラム導入支援をおこなっている。現在、ジョージア工科大学では一般学生も含めた大学全体の学生支援プログラムとしてこれが運用されている。

体育局

アメリカの大学スポーツにおいて、システム化されたライフスキル教育が実施できた背景としては、大学内の体育局という組織の存在が大きい。一般にアメリカの大学スポーツは、大学組織の中にある体育局により運営されている。体育局は各チームのスタッフ（コーチなど）や管理部門の職員を雇用している。

図2は、一般的な体育局の組織形態の一例を示したものである。体育局全体を取り仕切る体育局長の下に数名の副局長、各部署の責任者、および直接業務する職員で構成されている。通常、1つの体育局には約300～500名の有給の常勤・非常勤の職員（コーチも含む）が所属してい

表２　トータルパーソンプログラムの７つの柱

1	ASPIRE	新入生用の各種セミナーおよびオリエンテーション。
2	プログラム評価	プログラムの精度を高める目的で、学生スポーツ選手の代表機関がチームを作り、各プログラムを評価。
		チーム内での相互メンターシステムを導入し、学生スポーツ選手どうしでの問題解決や、メンタルトレーニングを実施。
3	目標達成者の表彰	学業、競技、個人に対する成績優秀者の表彰。
4	就職支援	インターンシップやサマーエンプロイメントの支援。
5	地域支援	大学周辺地域の子どもとの共同プログラム参加支援。
6	ライフスキル支援	WHO やボトヴィンの定義に基づいた、学生スポーツ選手向けのライフスキルトレーニングを実施。
		職業面接でのコミュニケーション、メディアへの対応能力のガイダンス、ビデオや CD によるライフスキルの自習システムの提供。
		学生が自己実現に向けたセルフコントロール（Attitude Technique）ができるように支援。
7	学習指導支援	通常の授業での習得のモニターリングなどの支援。
		テスト指導およびカウンセリング。

出典：lesson for leader[3] をもとに筆者改変。

表３　ジョージア工科大学の実績

プログラムの成果	具体例
学生スポーツ選手の卒業率の改善	1981 年卒業率 33％台→ 1990 年代卒業率 87％台
学生スポーツ選手の学業成績（GPA）	スポーツ選手 2.86、一般学生 2.93
大学の全米ランキング	総合 35 位、工業系 3 位
大学スポーツの成績	全米 1 位（野球、女子バスケットボール、フットボール、ゴルフ等）
オリンピックでの成績	アトランタオリンピックで金メダル 3（陸上競技）
就職率の安定	
大学周辺の治安が安定	

出典：lesson for leader[3] をもとに筆者改変。

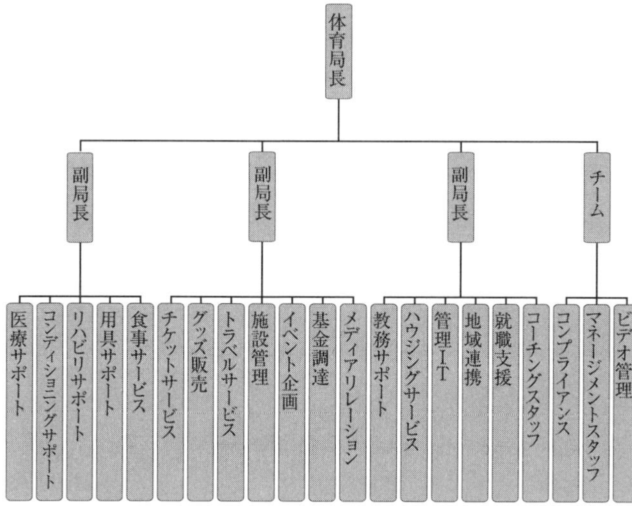

図２　体育局の組織図例

る。体育局の主な収入源は、試合などの有料スポーツイベント、テレビ放映料、広告収入、グッズ販売、寄付である。体育局組織は、トップの体育局長や発言権のある有力スポーツ団体の指導者の要望などを組み入れて、柔軟に運営される（日本の体育会は学生主体であるのに対し、アメリカの体育局は有給職員によって運営されている点が大きな違いである）。

体育局の大きな役割は、学生スポーツ選手が学業と競技に専念できる環境を整備管理することである。アメリカでは、学生が金銭的に自立できるよう、様々な奨学金制度を大学が中心となって運用している。体育局は各チームに奨学金を割りあて、高価な器具や遠征にかかる費用における選手負担を軽減している。また、競技能力に対して奨学金が支給されるのではなく、あくまで学業に対する支援であるため、学業を疎かにすると奨学金の停止や退学につながるようになっている。したがって、体育局は奨学金などの金銭的な側面からの支援だけでなく、学業に対する支援も充実させている。

ジョージア工科大学では、1980 年度の体育局予算が 210 万ドル程度であり、施設も古く、競技ランキングも所属リーグの中で最下位であった。しかし、翌年からトータルパーソンプログラムなどの改革が始まり、2年後には体育局の年間予算が500万ドルとなった。また、1996年のアトランタオリンピック開催時に、キャンパス内に選手村（後に学生寮として転用）や水泳競技場を建設し、練習施設としてスタジアムを改修した。また、ホテルも誘致され、総工費約2億ドルのインフラ整備がおこなわれた。

アメリカでは高校卒業後親元を離れることが一般的であり、学生の住居を安定して提供することは大学の果たすべき責務である。オリンピックの選手村を大会後に学生寮として活用することは、画期的なアイデアであった。選手村については建設費用の20％がオリンピック委員会より、残りの費用は企業などから提供された。

体育局長

ジョージア工科大学において、学生スポーツ選手にライフスキル教育プログラムを実施する上でキーパーソンとなったのは、当時体育局長であったホーマー・ライスである。ライスは大学スポーツを改革し、トータルパーソンプログラムを構築した立役者であった。

ライスは、ジョージア工科大学での自分自身の経験をふまえ、体育局長として成果をあげるために必要なこととして、①体育局全体のプログラムの理念を整備すること、②リーグで競争力のあるスポーツプログラムを構築すること、③資金を調達すること、④体育局運営に必要な人をリクルートすること、⑤大学全体に恩恵がもたらされる仕組みを構築することをあげている[4)]。

ライスは、競技においては、勝利が最終目的ではなく、学生スポーツ選手が大学を卒業した後に国を背負って立つリーダーとなるように育てることを体育局の理念とした。その理念を実現するためには、競技力を向上させるスポーツプログラムの構築が重要であると共に、施設などの環境整備も不可欠となる。そして、そのためには資金調達が重要となる。

これらの業務の達成には、優秀な人材の登用が必要である。したがって、ライスは、各部署の責任者と各チームをまとめるヘッドコーチのリクルートに力を注いだ。さらに、体育局運営自体が、大学全体のプログラムにどのような効果をもたらすのかまで明確にデザインすることが重要であると考えたライスは、体育局長として大学全体の改革に取り組んだ。

ライスの長年の取り組みと、フットボールコーチ経験（高校、大学、NFL)、独自のコーチ哲学を背景に、開発・実践されたものがトータルパーソンプログラムである。このプログラムは後に、全米に普及していくが、その広がりについては、次節で述べることとしたい[5)]。

第3節　全米への広がり

CHAMPS ライフスキルプログラム

ジョージア工科大学におけるトータルパーソンプログラムの成果を受けて、NCAA（後述）は全米の大学スポーツ選手を対象としたライフスキルプログラムの重要性を発信し、1991年にCHAMPS（Challenging Athletes' Minds for Personal Success）ライフスキルプログラムという、独自のプログラムを開発した。このプログラムでは、スポーツ競技者としてのチャレンジ精神を人生の成功に結びつけることが目的とされ、学生スポーツ選手が実社会と大学教育との間で感じる大きなギャップを埋める役割を担っている。現在では、「心と魂と身体」というトータルパーソンプログラムの理念が共有され、主にスポーツ教育の側面においてアメリカの多くの大学で導入されている。

CHAMPS ライフスキルプログラムは、以下の5点の公約を掲げている。1つ目は、「学力の向上」である。これは、知的な発展と卒業に向けた学生スポーツ選手の教育レベル向上を支援することである。2つ目は「キャリア開発」である。これは、学生スポーツ選手が人生のゴールを追求し、社会で生き抜いていけるようなキャリア開発を支援すること

表4　CHAMPS ライフスキルプログラムの公約の内容

1　学力向上への公約
①学習能力
②目標設定・時間管理
③個別指導による体系化された学習セッション
④オリエンテーションと評価
⑤学習指導とカウンセリング
⑥履修に関する支援
⑦奨学金申請
⑧表彰

2　キャリア開発への公約
①求職プロセス
②初年度から最終学年までのプロセス
③大学院進学
④外部就職機関活用

3　卓越した競技力への公約
①コーチングと評価
②体育局機能の充実
③支援プログラム
④退部面談
⑤競技内外のリーダーシップ

4　自己啓発への公約
①栄養管理
②食事の教育
③対人関係と異性間に関する教育
④責任
⑤自尊心の開発
⑥ストレスマネジメント
⑦アルコールの摂取に関する教育
⑧悲観に対処する教育
⑨対人コミュニケーション
⑩マスメディアとの対応
⑪マナーとエチケット
⑫法令厳守
⑬多様性
⑭財政責任
⑮暴力防止

5　奉仕（サービス）への公約
①メンターリング
②社会教育とカウンセリング
③学生アスリート支援プログラム
④社会活動

である。3つ目は、「卓越した競技力」である。これは、学生スポーツ選手への福利厚生として、広範囲におよぶ競技プログラムの開発とその理念を構築することである。4つ目は「自己啓発」である。これは、幸福感、リーダーシップ、個人の成長と意思決定能力をうながし、学生スポーツ選手のバランスの取れたライフスタイルを実現するためのサポートである。5つ目は「奉仕（サービス）」である。これは、キャンパスと地域社会を結び、学生スポーツ選手の奉仕活動を支援することである。これら公約の詳細は、表4の通りである[6)]。

NCAA 加盟大学では、体育局が大学スポーツ全般を管理運営している。学生スポーツ選手を教育するプログラムについては、NCAA から具体的プログラムが提供されていないため、各大学の体育局が独自にプログラムを開発しなければならない。したがって、学生スポーツ選手のサポート体制を整えることが、大学体育局に課せられた大きな責任となる。

キャリア教育

NCAA によると、高校から大学への競技継続は3～5%程度、プロに進む学生スポーツ選手は5%以下、マイナーリーグがある野球でさえも10%であるという（表5）。たとえプロになったとしても、そのほとんどが怪我や能力不足が原因で3年以内に引退すると言われている[7)]。そのため、大学では責任を持ってセカンドキャリア教育をおこなっている。NCAA でもライフスキル教育プログラムとは別に、スポーツキャリア教育プログラムが提供されている。以下に、その具体的な内容を概観する。

まず、1点目はプロスポーツ選手になるプロセスについての教育である。大学スポーツ選手がプロに進む上で、アメリカでは2つの選択肢がある。1つはドラフトで選出されること、もう1つは個人交渉によって契約することである。ドラフトには、一般的には公式戦の試合をスカウトが分析し選考する方法が取られる。もう1つの個人交渉による契約は、全権を委任された代理人が窓口となっておこなわれる。ただし、プロに進むことを意思決定および宣言した段階で、NCAA 下でのスポーツ競技に参加することはできなくなる。したがって、スポーツ選手には代理人との契約や費用に関する十分な予備知識が必要となる。そのため、大学には代理人との接触に関する情報提供など、十分な支援体制が整っている。

2点目は、将来的な資金管理についての教育である。プロ選手としての平均寿命は2～3年である。そのため、引退後の人生設計を考えた上で、学業に励み、同時に資金管理もおこなえるようになる必要がある。スポーツ選手を金銭的な破綻から守るために、資金管理計画が支援されている。

表５　大学スポーツ選手の進路状況[8]

	男子バスケ	女子バスケ	アメフト	野球	男子アイスホッケー	男子サッカー
高校生スポーツ選手総数	549,500	456,900	983,600	455,300	29,900	321,400
高校３年生スポーツ選手数	157,000	130,500	281,000	131,100	8,500	91,800
大学スポーツ選手総数	15,700	14,400	56,500	25,700	3,700	18,200
大学１年生スポーツ選手数	4,500	4,100	16,200	7,300	1,100	5,200
大学スポーツ選手最上級生数	3,500	3,200	12,600	5,700	800	4,100
大学からドラフト選出数	44	32	250	600	33	76
スポーツ選手の高校からの大学進学率	2.9	3.1	5.8	5.6	12.9	5.7
大学からプロになる確率	1.3	1.0	2.0	10.5	4.1	1.9
高校からプロになる確率	0.03	0.02	0.09	0.50	0.40	0.08

３点目は、スポーツに対する賭け行為（八百長）の禁止についての教育である。NCAAと多くのプロスポーツ団体は、スポーツの賭け行為を禁止しており、賭け行為に関わることは永久に競技資格を失うことを意味する。

４点目は傷害保険についての教育である。スポーツ競技での負傷は、競技だけでなく人生に重大な障害をもたらす可能性があるため、万全の傷害保険に加入しておくことが望ましいことが教えられる。

５点目は薬物使用（ドーピング）の規制についてである。NCAAと多くのプロスポーツ団体には薬物に関する規制が適用されており、違反者には厳しい措置が取られることが周知されている[9]。

NCAAの役割

NCAAとは、アメリカの大学で運動競技全般を統括する自発的組織である。NCAAには、全米で1080あまりの大学が加盟しており、その加盟校のほとんどの大学には体育局が設置されている。既述したように、体育局は、大学スポーツ選手の入学・奨学金・学業に関わる業務、コーチや指導者の採用、スポーツ施設の管理・運営、テレビの放映権の交渉・管理などすべての窓口となっている。

NCAAは、大学スポーツ選手が学業とスポーツを両立し、社会に巣立つ準備ができるよう、様々な支援をおこなっている。また、加盟大学が公平に競技に参加できるよう多岐にわたる規約を設けている。特に学業、リクルーティング（高校生勧誘）に関する規約違反があった場合には、複数年にわたる奨学金取得者枠の減少や、翌シーズンの優勝決定戦への出場停止などの制裁を受けることになる。また学業低下についても厳しい対応がなされている。例えば2008年には、奨学金枠取得者削減やポストシーズンへの試合に出場できなくなる危機に直面する大学チームが150近くもあった。この警告を4年連続で受けると、リーグ降格に至ることになる[10]。

アメリカにおいては、アマチュアと言えどもプロスポーツに匹敵する巨額な金銭が動く市場が成立しており、この意味においても、統括団体であるNCAAには重大な責務が課せられているのである。

第4節　ライフスキルプログラムの実際

トータルパーソンプログラムにはじまり、NCAAによるCHAMPSライフスキルプログラムなど、アメリカにおいては様々なライフスキルを教育するプログラムが開発されてきた。本節では、バージニア州立大学ライフスキルセンター（センター長：スチーブン・ダニッシュ）が開発に関わった3つのプログラムについて概観する。

GOALプログラム[11]

GOAL（the Going for Goal）プログラムは、バージニア州立大学のライフスキルセンターの活動の中心に位置づけられており、SUPERプログラム、The First Teeの基礎と考えられる。

このプログラムでは、主に青少年が前向きな目標設定をし、自信を持って生きていけるようにすることが目的とされており、1回あたり1時間、合計10回のワークショップで構成されている。獲得を目指すスキルとしては、「ポジティブな人生目標を定めること」、「獲得したスキルを別の状況へ転移させること」、「結果ではなく目標達成の過程に焦点をあてること」など7種類のライフスキルがあげられる。

SUPERプログラム[12)]

学校教育においては、学力・教育水準向上が優先され、スポーツはどちらかというと傍流にされがちである。しかし、スポーツが果たす役割は単に運動能力や健康を向上させるだけでなく、社会性や人間的な成長にも関わっている。SUPER（Sports United to Promote Education and Recreation）プログラムは、競技力の向上とライフスキル獲得の2つを目的として開発された。このプログラムでは、学生スポーツ選手が指導訓練を受けた後、子ども達にスポーツの技術を指導しつつ、同時にライフスキルの指導を実践している。

SUPERは10セッション合計25～30時間でおこなわれる。18のワークショップで構成されており、いくつかのワークショップでは、GOALプログラムの内容がスポーツの状況に適合するように取り入れられている。実際に指導されるライフスキルとしては、「学習の仕方を学ぶこと」、「他者とコミュニケーションをとること」、「怒りを管理すること」、「肯定的なセルフトークを用いること（自分を自分自身の指導者にすること）」「目標を設定し、それを達成すること」などがあげられており、それぞれのスキル指導には30分間程度の時間をかけている。

通常、このSUPERプログラムは学校の放課後に実施されており、このような放課後プログラムが、ライフスキル教育や地域活動にとって重要であると言える。

The First Tee[13)]

The First Teeは1997年に世界ゴルフ財団（World Golf Foundation）

の下、青少年がゴルフの試合を通して人格形成と価値ある人生を獲得できるよう、教育プログラムやゴルフの練習施設を提供することを目的として始められた。その使命は、若者が自尊心や社会での責任および信頼を構築し、職業機会に巡りあえるようにすることである。具体的には、青少年に目標設定（ゴールセッティング）の機会を提供し、ライフスキルが有する正直、誠実、スポーツマンシップ、仕事観などの基本的な価値観を育むというものである。

また、アメリカでは12～17歳の子ども人口の2%がゴルフをしているが、そのほとんどが白人であり、マイノリティはそのうちわずか5%しか占めていないことが問題視されている。経済的にゴルフができない子どもたちのハードルを取り除くことも重要であることから、世界ゴルフ財団が基金を集め、経済的な壁を取り除く取り組みをおこなっている。

ダニッシュら（2002）は、受講生が1週間のThe First Teeプログラムによって、リーダーシップや目標設定などにおいて有能感を感じるようになり、さらに、コミュニケーションの重要性を理解し、他者の幸せに対する認識が高まったことで、責任のある行動ができるようになった事例を報告している。

第5節　アメリカの大学スポーツ選手の生活

ここでは、ワシントン大学アメフトを例に取り、アメリカの大学スポーツ選手の学生生活と大学体育局の取り組みについて概観する。

体育局施設およびサポート体制の充実

ワシントン大学の体育局では、学生を学業と競技生活の両面において優れた人材として成長させることを目指して、様々な支援をおこなっている。NCAAのCHAMPSライフスキルプログラムの公約に則った環境の整備がおこなわれ、学生専用の医療機関も充実している。競技中の事故による怪我に対応するため、体育施設に隣接して医療機関が設置され、7名の医師が常駐し、試合や練習には常に医師が同行する。

直接的な競技力向上には関係しない側面からの支援も充実している。学業については、選手専属の教務担当部署（Student Athlete Academic Services）の職員が担当する。毎週1回、チームのコーチとミーティングをおこない、選手の学業の状況を報告し、チームのコーチが選手を指導する。授業の欠席が目立つ学生や学業に遅れのある学生には、教務の担当者が個別指導をおこなう。また、選手専用の自習室やコンピュータ室なども整備されている。競技を継続するにはGPA（Grade Point Average）で2.0以上[14)]で、かつ1学期最低6単位以上、年間36単位以上の取得が必要である。アメフト選手の場合、1998年はGPA2.8で表彰対象であったが、現在では3.2～3.6が表彰基準となっている。卒業率も90％以上になり、学業レベルが格段に向上している。このような選手の学業成績の高さが、年間500万ドル以上という奨学金の基金提供と、選手の学生生活における金銭的な自立につながっている。

学業以外にも、食事のサービスや競技用具の無償提供、遠征費の全額大学負担、奨学金支援、就職サポート、インターンシップ支援、地域ボランティア支援、各種カウンセリングなど、より良く学生生活を送るための環境が整備されている[15)]。

また、体育局は選手を支援するだけでなく、選手に対して体育局のルールを厳守させることを徹底している。NCAAや所属するリーグの規則だけでなく、大学の体育局が独自に定める規則や各チームのコーチが設定する規則があり、大学でスポーツに取り組むためにはこれらの規則を守らなければならない。授業に出ること、ミーティングや練習に遅れないこと、未成年の喫煙や飲酒の制限（チームによっては成人でも飲酒を規制）、ドラッグの規制、施設の使用法、メディアへの対応など私生活や生活習慣、あるいは大学生活全般にまでおよぶ。規則を破ると競技活動の停止、チームからの追放、奨学金の停止、退学などの措置が取られる。こうした規則は、すべての選手に例外なく適用される。限られた時間で学業とスポーツを両立しながら、個人の生活を維持して、様々な規則を厳守するには、自分の欲望をコントロールする克己心が重要となる。

以上のように、体育局は単に選手の競技力を向上させるだけではなく、人間としての成長をうながすためにも様々な支援をおこなっている。その中には選手のライフスキルを育む教育も含まれており、大学スポーツにライフスキル教育が根づいていることがうかがえる。

アメリカンフットボールチームの１年

アメリカンフットボールの公式シーズンは9月から11月までの3カ月間であり、公式戦の上位チームが年末年始のボウルゲームに出場ができる。シーズン中でも1週間の練習時間（ミーティングを含む）は20時間に制限されており、シーズン以外は練習やミーティングをすることはできない。

4月はシーズンオフ期であるが、15回までの練習が許可されている。学生は8時30分からの授業に出席しなければいけないので、朝6時30分から8時までにミーティングが開かれる。ヘッドコーチは生き方に関する哲学的な話も織り交ぜながら全体ミーティングをおこなう。さらに、各コーチによるミーティングでは、選手を激励する話し方（ペップトーク、Pep-Talk）が採用され、これが選手のライフスキル獲得に大きな効果を与えている。

春のキャンプ期間が終了すると、夏まではコンディショニングのみとなり、学業に専念する時期である。シーズンオフ期は、授業や練習だけでなくウェイトトレーニングなどにも各自で取り組むため、自己をコントロールする力が必要となる。この春学期で一定の学業成績を修めなければ秋の公式戦に出場することができない。

夏のキャンプは共同生活であり、キャンプ用のルールが追加される。そこでは、消灯・起床時間だけでなく、ステレオの音量、食事回数、銃器の携帯禁止など細かな規制がなされている。8月のキャンプから新1

年生がチームに合流する（アメリカは秋入学のため）。キャンプ中に高校から大学への架け橋的なセミナー（Bridge Program）が開催され、この中で一般的なライフスキルに関するセミナーも実施される。

10月に入ると授業が始まるため、練習やミーティングに割ける時間は週20時間内に制限される。試合と授業の両立には時間管理が重要となる。

試合の前日には、登録選手はホテルに泊まり、試合に向けて集中力を高める環境が用意される。ホテルではチームのためのチャペルアワーが開かれ、精神面からの支援もおこなわれている。また、奨励者（チャペリスト）はコーチと相談し、毎週テーマにそってチームに必要な話をおこなう。

12月はボウルゲームに出場するチーム以外はシーズンオフのため、練習はない。ゲームに出場するチームでも、練習時間と授業が重なる場合は授業が優先される。この時期は秋学期の試験期間でもあり、試験の結果でボウルゲームに出場できるか否かが決まる。ボウルゲームに参加するチームは1週間前から開催地へ移動し、現地で練習をおこなう。ここでもNCAAの20時間ルールが適用され、例えば午前中にミーティングや練習がおこなわれた場合は、午後は地域活動などにあてられる。また現地へはコーチやスタッフの家族だけでなく、学生結婚している大学スポーツ選手の家族も同行が許されている。

大会が終了すると選手は学業に専念する。一定の成績を修めなければ、春のキャンプに参加できない。オフシーズン中は、羽目を外しやすいため、コーチは定期的に選手と面談し、生活習慣を把握する。特にアルコール絡みの事件に対しては慎重に対応している。アメリカの法律では21歳未満の飲酒が禁止され、多くの学生がその対象となるからである。

最近では、コーチ自身の生活環境を整備することが重視されている。例えば、休日は家族との時間をしっかり持つことが、常に安定した仕事をする上で大切だと考えられるようになった。またコーチが自分の家族を大切にし、特に子どもとのコミュニケーションをしっかり取ること、そうして充実した人生を送ることが、学生にとって良い模範となるという意識が芽生えてきている。

奉仕活動と地域貢献

また、アメリカの大学スポーツでは、地域社会で奉仕活動をすることが浸透している。奉仕活動は、子どもを対象としたスポーツ教室以外にも、本の読み聞かせ、ホームレス支援、小児病院への慰問活動、低所得者の住宅建設支援など幅広い分野で取り組まれている。

こうした地域貢献は、アメリカの大学スポーツが採用しているシーズン制によって可能になっている。また、これらの活動には、大手企業、NPO、プロスポーツ団体などが支援に加わり、大学・企業・地域が連携した形でおこなわれることも多い。その意味では企業の社会的貢献としても有効に機能している。

指導者の研修プログラム

コーチに対しても様々な研修プログラムが提供されている。その代表的なものとして、アメリカンフットボールコーチ協会（AFCA、American Football Coaches Association）が提供する研修プログラム（PDS、Professional Development Series）がある。PDS には毎年、数千名のコーチが参加し、研修を受けた上で、AFCA・NCAA よりプロコーチとして認定される。研修は多岐にわたり、優秀なコーチによる戦術に関するもの、名コーチによるリーダーシップ・哲学・人格形成に関するもの、大学の心理学者によるメンタル面に関するもの、元マフィアの幹部と FBI 捜査官によるギャンブルの危険性に関するものなどが準備されている。

また、コーチ協会では、コーチの資金管理などの支援から、体育局運営にいたるまで様々なサポート体制も充実している。また、NCAA や NFL などスポーツ団体、政府機関とも連携し、多くの問題に対処している。

NCAA は競技者への様々な規制だけでなく、指導者や組織の規約も重視しており、大学スポーツ選手とその取り巻くすべての環境の改善に努めている。こうした組織の環境整備と個々の取り組みにより、選手たちの卒業後の豊かな社会生活が実現しているのである。

注

1) 2000 年のアメリカンフットボールコーチ協会セミナーでの T. オズボーンの講演より。
2) AFCA（アメリカンフットボールコーチ協会）総会年次リポート、2000 年。
3) Homer Rice Lesson for Leader 2000, http://ramblinwreck.cstv.com/genrel/rice_homer00.html
4) Homer Rice Lesson for Leader 2000, http://ramblinwreck.cstv.com/genrel/rice_homer00.html
5) http://ramblinwreck.cstv.com/school-bio/geot-rice-total.html
6) http://www.ncaa.org/wps/wcm/connect/4831b804e0db5f4b375f31ad6fc8b25/Brochure.pdf?MOD=AJPERES&CACHEID=94831b804e0db5f4b375f31ad6fc8b25
7) 2000 年のアメリカンフットボールコーチ協会セミナーでの T. オズボーンの講演より。
8) NCAA, A Career in Professional Athletics A Guide for Making the Transition, 2004-2005.
9) Homer Rice Lesson for Leader 2000, http://ramblinwreck.cstv.com/genrel/rice_homer00.html
10) http://sports.espn.go.com/ncaa/news/story?id=3383981　具体的には、2002 年ハワイ大学において、年末のボウルゲームに出場予定のレギュラー選手が、最低単位取得未達成で資格がないことが発覚し、リーグから大学へ 5000 ドルの罰金が科せられた。該当選手は 2003 年度の開幕戦の出場停止処分となった（http://uhathletics.hawaii.edu/news.html?p=12602）。2008 年、UCLA でも学業未達成で NCAA より出場停止処分が下っている（http://sports.espn.go.com/ncf/news/story?id=3501096）。
11) http://www.lifeskills.vcu.edu/goal.html
12) http://www.lifeskills.vcu.edu/super.html
13) http://www.thefirsttee.org/Club/Scripts/Home/home.asp
14) GPA とは、大学における学生の成績を評価する方法であり、世界標準とされている。日本でも制度として取り入れる大学が増えており、留学の際には GPA の点数によって評価される。100 点満点で 60 点台を GPA1.0、90 点以上を GPA4.0 として、単位数で重みづけをした上での平均値を求める。GPA2.0 とは平均 70 点台であることを示す。

15) University of Washington Student-Athlete Handbook 2007-2008

文 献

杉山佳生「スポーツとライフスキル」日本スポーツ心理学会編『最新スポーツ心理学』大修館書店、69-78頁、2004年。

Danish, S. J., Fazio, R. J., Nellen, V. C., Owens, S. S., "Teaching life skills through sport: Community-based programs to enhance adolescent development", in: Van Raalte, J. L., Brewer, B. W. (Eds.), *Exploring sport and exercise psychology* (2nd ed.), Washington DC: American Psychological Associatino, pp. 269-288, 2002.

Danish, S. J., "Teaching life skills through sport", in: Gatz, M., Messner, M. A., Ball-Rokeach, S. J. (Eds.), Paradoxes of youth and sport, Albany NY: State University of New York Press, pp. 49-60, 2002.

Danish, S. J., "Going for the goal: A life skills program for adolescents", in: Albee, G. W., Gullotta, T. P., (Eds.), *Primary prevention works*, Thousand Oaks, CA: Sage, pp. 291-312, 1997.

第5章　日本のライフスキル教育

第1節　日本のスポーツ界の動向

スポーツ選手のライフスキル

第4章でのアメリカにおけるシステム化されたライフスキルの教育プログラムの発端は、大学スポーツ選手に発生した様々な問題や事件であった。スポーツが教育の一環として採用され、定着している日本においても、スポーツ選手による不祥事が多発する現象が起きている。例えば、東京の大学スポーツ選手による集団暴行や、京都の大学スポーツ選手が泥酔の女子大生を集団で暴行し逮捕される事件が発生している。また、スポーツ推薦の留年者の問題などが毎年のように発生している。大学以外においても、社会人のラグビー選手や大相撲界の大麻所持など、スポーツ選手が関係する問題事例は数多い。

日本の大学スポーツ界で不祥事が発生する背景には、運動部がそれぞれの中央競技団体の傘下にあり、同じ大学内であっても個別の活動をおこなっているという点があげられる。各運動部は、大学の体育会に所属してはいるものの、その体育会は予算配分や練習場の確保などといったクラブ間の調整や協議をする場としての機能しか果たしていないのが実情である。したがって、大学内においては、スポーツの本質に関わるような議論などは不活発である。こうした事情は、それぞれの競技団体においても同様であると考えられる。

大学スポーツの課題

第3章で述べたように、もともと日本のスポーツは、明治維新の際に西欧の列強に追いつき近代化を促進すると共に、体躯の向上を目指す目的で導入された性格を持つ。そして、在来の剣術を中心とした武術の精神性が受け皿となり、外来スポーツにも剣道、柔道などのように心と体を鍛える修練としての機能が求められたのである。

このような経緯の下、大学のスポーツ選手には、「知育」「徳育」「体育」の言葉に象徴されるように、最高学府での高等教育の習得（知育）、社会のロールモデルとしての高い倫理性の獲得（徳育）、そして競技力の向上（体育）が求められたのである。また、大学スポーツはプロスポーツ選手や社会人スポーツ選手の養成機関としての役割も担ってきた。したがって、スポーツ選手には、プロスポーツに入れば所属するチームが、社会人として就職した場合には所属する会社が、それぞれ新人教育を施すこととなっていた。

しかし、バブル崩壊後の経済環境の変化により、企業はそれまで積極的におこなっていた、企業の出資による芸術・文化・スポーツ活動への支援を一転させた。スポーツにおいては、イベント協賛の見直しやクラブチーム保有からの撤退を始め、仮にチームを存続させるにしても、選手については個人のプロ契約に移行させるようになっている。このようなプロ選手は社員でなく個人事業主である。すなわち、プロのスポーツ選手になる者は、大学や高校を卒業すると同時に自身でマネジメントをおこなうことが求められているのである。そのため学生のうちに、人格面や行動面そして知識面においてプロとしての素養を身につける必要がある。その点から、ライフスキルの教育は非常に重要となるだろう。

アマチュアリズム

また、日本では、イギリスにおける社会階層の象徴としてのアマチュアリズムの解釈に対する誤解があることも指摘できよう。元来のアマチュアリズムとは、スポーツ選手の資格規定を表し、収入を目的とせず、愛好するためにのみスポーツをおこなうことを指す。つまり、この基盤には生計の保証——有産階級であること——がある。社会階層がはっきり分かれていない日本では、アマチュアリズムを狭義の純粋性と同一視する矮小化した理解が一般化したのである。これは、行き過ぎた勝利至上主義や、それにともなう体罰・野球留学などの問題も内在する高校野球を、アマチュアスポーツとして神聖視する傾向などに顕著に見られる。このアマチュアリズムの神聖視のために、競技生活に打ち込むための支援や競技引退後の生計を立てる制度が脆弱であるにもかかわらず、スポーツ選手は社会のロールモデルとしての大きな期待を担わされてきた。

さらに近年では、大学間の学生獲得競争の手段としてスポーツが注目され、スポーツ選手が広告塔の役割を担わされている一面もある。スポーツへの過度な集中は、競技引退後の人生を、直接・間接的に支えることになる学問への取り組みを疎かにすることにつながる。セカンドキャリア——例えば、生計を立てること——はファーストキャリア——例えば、基礎学力をつけること——なしには築けないのである。このことからも、スポーツ選手に対するケアの一環としてのライフスキル教育が必要である。

第2節　ライフスキル教育の実践

教育界における実践

日本のライフスキル教育に関しては、スポーツ選手を対象としたものやスポーツを用いた教育プログラムがあるが[1)]、ここでは、一般の生徒や児童を対象として実施されているプログラムから見ていこう。

教育現場の取り組みとしては、Lions Quest「思春期のライフスキル教育」プログラム（一般生徒向け）を例にあげることができる。このプログラムの著作権はライオンズクラブ国際財団が所有し、開発および普及活動はライオンズクラブとNPO法人青少年育成フォーラムが担当している。内容は、心の成長と感情のコントロールや友人関係の改善、家族との絆の強化やドラッグに関わらない健康な人生など、生徒のライフスキル獲得を目的としたプログラムと、教員への研修や保護者・地域との協力体制の構築も視野に入れられている。実際に学校単位で取り組みを行っている高等学校もある。

また、学校教育における運動部活動では、原田教育研究所の原田式態度教育による目標達成プログラムを導入する指導者もいる。第2部第2章でこの目標設定プログラムが紹介されているので、参考にしてもらいたい。

そのほか、1988年に発足したJKYB（Japan Know Your Body）ライフスキル教育研究会が、青少年の健全な発達をうながし、喫煙、飲酒、ドラッグ乱用をはじめとする危険行動を防止することを目的とした活動をおこなっている。青少年の健全な自尊心形成や目標設定、意思決定、ストレスマネジメント、コミュニケーションスキルなどの一般的・基礎的なライフスキルの形成を図ることに主眼が置かれたワークショップなども実施されている。ワークショップは一般に10歳前後の年代を対象として、タバコやアルコール、危険なドラッグから自分を守るプログラムなどを中心に、青少年の健全育成を目的に実施されている。

ちなみに、企業がライフスキルの育成を目的としたプログラムを商品化した展開例もある。1950年代に保険業界で大成功したポール・J・マイヤーが考案したプログラムをもとに、日本では1964年からPJMジャパン株式会社がそのプログラムの翻訳・製作・販売をおこなっている。目標設定のプログラムや自分自身に対する理解を促進させるプログラムなどを通して動機づけ（モチベーション）を高めたり、組織の生産性を高めたりすることを目的としたイベントや研修が実施されている。

スポーツ界における実践

スポーツ選手を対象としたライフスキル教育でも様々な取り組みがおこなわれている。例えば、株式会社フィールドオブドリームスはスポーツの競争性を活用したライフスキル育成に着眼し、若年層選手や指導者育成に向けた研修をおこなっている。フィールドオブドリームスが関わった事例として、川崎フロンターレは2004年からライフスキルプログラムをサマーキャンプに導入し、選手がスポーツマンシップを理解し、個人の価値観を明確にするための研修を実施している。また、社会人のラグビーチームに対して、自己認識・自己分析プログラムや目標設定プログラムなどを実施し、ライフスキルの獲得および向上を通して、人生や競技に対するモチベーションを上げる取り組みもおこなわれている。

また、上野（2003）は、ライフスキル獲得のためのスポーツ介入プログラムを試行的に作成し、学生スポーツ選手を対象に実践している。このプログラムは目標設定スキルの獲得を目的として構成されており、その効果はある程度実証されたが、プログラムのさらなる改訂が検討されているところである。

2005年9月には、学生スポーツ選手のライフスキルプログラムの実施を目指して、コーチやトレーナー、スポーツ心理学の専門家、団体・企業関係者などが集まり、「学生アスリートのためのライフスキルプログラム研究会」が発足した。この研究会は、学生スポーツ選手による犯罪や体罰などの問題発生を契機に、スポーツ選手としてだけでなく人間としても尊敬される学生アスリートを育てるために、アメリカで実施されているライフスキル教育プログラムの日本版を作成することを目的としている。この研究会では、ライフスキルを構成するものとして、「最善の努力」「礼儀・マナー」「考える力」「勝敗の受容」「コミュニケーション」「責任ある行動」「感謝と謙虚さ」「目標設定」「体調管理」「ストレスマネジメント」の10個の側面からアプローチし、日本にあった形での教育プログラムの開発に取り組んでいる。その成果として「アスリートのためのライフスキルプログラム（スタート教材）」を作成し、継続的に研究会を開催している。その中で実践例が蓄積され、事業化も推進されている。

第3節　地域力再生とスポーツ

日本の伝統的ライフスキル教育

前節では、近年、日本において取り組みが開始されたライフスキル教育のプログラムについて紹介した。しかし、日本では、地域がそこに住む人々を育てる仕組みが古来より存在していた。その中には、現在でいうところのスポーツという身体活動によって地域の人が育ち、それにより地域が活性化するという形のものも見られる。すなわち、日本に長く伝わる伝統的取り組みの中にライフスキルを育む事例は多く見つかる。その一例として隠岐地方の古典相撲を取りあげよう。さらには、現代日本の課題である地域力の再生について、スポーツがどのように貢献できるか、その可能性を探ってみたい。

ここでは、隠岐地方の人々の古典相撲にかける情熱をルポルタージュした「相撲島」(飯田、2008) により、相撲を核に地域の人々がいかに一体感を醸成させ、地域をまとめる力を共有していったかを見ていきたい。

隠岐の古典相撲

隠岐諸島は古来、相撲のさかんな土地である。島をあげての祝い事には古典相撲大会がつきものとなっている。隠岐古典相撲では古式に則り、最高位は大関である (横綱という位はない)。大関、関脇、小結の三役は、それぞれに、正三役、番外三役、番々外三役と三人ずつがいて、正三役大関は最も名誉ある位である。

大会を開催する地区が「座元」となり、これに対戦する他の地区が「寄方」となって対抗戦形式で開催される。役力士には土俵の柱が与えられ、この柱を手にすることこそ、隠岐の男たちにとっては最高の名誉であるという。そのことから別名柱相撲とも呼ばれている。柱を手にした者は、家の軒下に誇らしげに吊るし、柱は一生の名誉として大切に飾られる。

当然のことながら、この古典相撲では、誰もが役力士になれるわけではない。開催される年に気力が充実していて、地区のみんなの推薦を得た上で、さらに座元、寄方それぞれの総会の番付会議によって役が決まるのである。実力だけでなく、各地区の思惑や運にも大きく左右される。古典相撲の番付決めは島の総意である。つまり、全員が納得しなければ、その番付で相撲を取りたくても取れない決まりとなっている。島における古典相撲の役力士は、個人の名誉や誇りのみならず、地域の名誉と誇りの象徴でもあるのである。

地域力の存在

このように古典相撲は、地域の絆を深めるという一面も持ち合わせている。島では、古典相撲のための地取りと呼ばれる稽古が大会の数カ月も前から連夜のようにおこなわれる。その際、住民は土俵を取り囲んで力士たちを見守る。先輩力士たちが土俵にあがり、後輩の力士たちに稽古をつける。また、女性たちは集合所に集まって、稽古の後の食事や酒宴の準備をおこない、裏方として力士たちを支える。そのような周囲からの支援によって、役力士は地区を代表するという思いを強くしていくのである。

このような島民の様子からは、世代間の交流、地域間の交流、地域への貢献といった現代社会における地域づくりの核となる要素を見て取ることができる。ここには、地域が人々を育てる仕組みがある。

隠岐古典相撲には、人が地域の代表にふさわしい人間になろうと努力することを促進し、それをサポートする仕組みが見て取れる。相撲で活躍する姿は子どもたちの憧れであり、そこから地域の代表にふさわしい人間であろうとする努力が生まれ、それが次世代に受け継がれていくのである。こうして、ソーシャルキャピタルが人と人との関係性の中に醸成され、次第に地域が活性化されるのである。隠岐の古典相撲の事例は、節会相撲や奉納相撲に代表される日本の伝統的な身体運動文化が、地域の人々を育てる媒体となっていたことを我々に伝えてくれる。

地域力の再生とスポーツ

1960 年代以降、日本は急速な経済成長を遂げ、世界の経済をリードするようになった。人々の生活にはテレビ、冷蔵庫、車といった利便品が普及し、物質的に豊かになった。しかし、機械文明の恩恵を味わう一方で、これまでの豊かな精神文化、そして精神を育てる文化を失いながら今日に至っているとも言えるだろう。

隠岐諸島の古典相撲のような、地域に根づいた、人々の営みや交流の中から人間を育て、心を磨くことの大切さを体得させるものは少なくなっている。つまり、古来より受け継がれてきた地域特有の身体文化が存在しにくくなっている現在は、地域における人々を育てる仕組みが失われつつある時代とも言える。

地域が人々を育てるシステムを再起動させるには、スポーツが重要な装置となると考えられる。かつての身体運動文化に代わるものとして、スポーツを地域づくりの中核に位置づけ、スポーツを通して地域が人々を育てるシステムづくりが多方面で実施されている。ただ、現段階ではやむを得ないが、それらは楽しさの共有といったスポーツが持つ表面的な機能にとどまり、モラルや志といった人間性を養うところまでは至っていないのが現状である。例えば、集団生活の体験、多世代間でのスポーツ実施、それらと共にミーティングなどの座学を採用することで、スポーツが本来持つはずの機能が発揮されるだろう。今後の、地域全体で子どもたちを育てるようなシステムの構築には、このような理念を持った具体的プログラムの展開が必要となる。

注

1）日本の教育現場におけるライフスキル教育は、社団法人日本 WHO 協会、WHO

健康開発総合研究センター（WKC）、文部科学省などにおいて正式事業として位置づけられている。

文　献

飯田辰彦『相撲島』ハーベスト出版、2008 年。
松野光範、横山勝彦「「ライフスキル教育」開発プロジェクトの必要性 ――スポーツ選手を視点に」『同志社スポーツ健康科学』1、2009 年、1-7 頁。

第２部

ライフスキル教育の課題と展望

第1章　教育現場の現状

第１部では、現代社会における日本が置かれている現状を概観し、全人的教育の必要性を改めて指摘した。その上で、ライフスキルという考え方を紹介し、アメリカにおける教育プログラムとしてのライフスキル教育の展開および日本での取り組みの広がりについてまとめた。それを受けて、第２部では、ライフスキル教育を取り巻く現在の状況と将来に対する展望に関して、教育現場や企業、ライフスキル教育の評価の観点から、さらに論考を深めていく。

そのために、まず第１章では、青少年に対する教育現場の問題を取りあげる。ここでは、現代社会を席巻しているグローバリゼーションを前提に、教育制度自体の仕組み、教育政策の特徴、現場での実態を概観することとする。なお、教育現場を焦点とすることから、その対象を小学生（児童）から中高生（生徒）、大学生（学生）とする。

第１節　教育現場を取り巻く社会的環境

グローバリゼーション

ジーンズをはじめとしたファッション、流行の音楽、インターネットでのコミュニケーション、全世界で展開する多国籍企業など、現在、ヒト、モノ、カネ、情報の広がりは一国の範疇を超え、世界規模になっている。そこから、政治・経済・社会活動の多くは世界大に連鎖し、多様な相互関係を生じさせている。これを、グローバリゼーション（グローバル化）という。そして、このグローバリゼーションは民主化と市場化という2つの側面を持つ。

民主化とは、第一義的には独裁政権の抑圧的・権威的支配に対する大衆による抵抗のことである。そこには、単なる民衆支配ではない、人権、自由、人間の尊厳が基本要素としてある。独裁政権が崩壊したり、王政が廃止されたりして、人民に主権が移ることなどは、その一例である。

市場化とは、財やサービスを必要とする需要（消費者）とそれを提供する供給（売り手）の誕生と共に、競争原理が発生することである。この流れは、70～80年代にかけてイギリス・アメリカが推進した新自由主義[1)]改革による民営化・規制緩和に始まったとされる。90年代になると、世界経済は市場経済と過度に結びつき、その主役は多国籍企業あるいはグローバル・キャピタルと呼ばれる巨大資本となった。この市場化が、世界の安全保障・金融・生産・知識（情報）の構造に大きな変動を引き起こし、IMF（International Monetary Fund、国際通貨基金）や世界銀行は「国家を超える権威」（大久保、2007）と言われるほどになるのである。

このように民主化と市場化が混在した結果、国際社会は大きな課題に直面している。それは、主権・国民・国家といった近代においては自明とされてきた要素が、グローバリゼーションの進行によって無意味になってしまうという課題である。つまり、自国の文化的価値観が政治的、経済的に優勢な国から影響を受け、損なわれてしまうという現象である。

この潮流は、日本にも大きな影響をおよぼしている。それは教育界においても例外ではない。例えば、1998（平成10）年の学習指導要領は、グローバル化する国際社会を念頭に置いて議論され発表されたものである。当時の小泉政権によって打ち出された「構造改革」は、グローバリゼーションを前提とした改革であったとも考えることができる。人材育成を担う教育は国の動向を強く反映させるものであることから、グローバル化する国際社会、小泉政権における構造改革、学校における教育内容の変更の三者は無関係ではない。そして、後述する学校指導要領が教育におけるグローバリゼーションの影響を見る格好の題材となる。

変わりゆく企業論理

従来、多くの企業は必要な人材は自社で育てるという考えの下、社会人の基礎から専門性の高い実務教育まで多岐に渡る研修を実施してきた。しかしながら、近年、急激な社会の変化にともない、従来のような研修を実施する余裕のなくなった企業は、大学教育に企業が担ってきた人材育成の機能を期待するようになった。

ところで、従来から大学教育には、教養教育と専門教育という二本柱のカリキュラムが設置されている。大学における教養教育はリベラルアーツと呼ばれ、大学での基本的な研究領域である人文科学、社会科学、自然科学の三領域のすべてについての知識を身につけることを通して、全人格的な教育をおこなうものと理解されてきた。つまり、教養教育で人格教育の基礎を養い、その基盤の上に専門性を培っていくと考えられていたのである。しかし、現実には“般教（パンキョウ）”という呼び名に表されるように、この科目体系を軽視する風潮もあり、望ましいカリキュラムが完全に機能していたとは言いがたい状況にあった。

現在、社会では、MBAなどの高い専門性を持つ人材が求められている。しかし、実は高い専門性を培うためには、それに相応する高い教養が必要であることから、大学での教養教育（リベラルアーツ）が再び評価されているのである。現在、多くの大学で社会人教育などに積極的に取り組まれるようになった要因には、このような背景もある。日本経団連の「21世紀を生き抜く次世代育成のための提言」にある教育改革への協力の公表は、このような企業と大学教育の相互補完的関係の形成に向けた動きと考えられる。

社会の動静は企業の論理に変化をもたらし、その変化は、企業から大学教育への要望に置き換えられる。学問の自治と独立は、近代社会にあっては尊重されるべき精神ではあるが、現実には、企業の動向が大学教育の在り方にも多大な影響力を与えるのである。そして、この影響力が、教育現場に混乱をもたらすことは否定できない事実なのである。

企業の青田買い

企業と教育機関は、ある種のジレンマを抱えている。企業は、学生が充実した教育を受けてきてほしいと願う一方で、いい人材はできるだけ早く確保したいとも思っている。教育機関は、教育環境にかける充分な時間を確保したい一方で、学生の出口を担保しなければならない。

このジレンマを、企業側は一定のルールを設けることで解決しようとしている。経団連は就職協定廃止後の1996年に、公正で秩序立った採用活動ができるよう企業の行動規範を示した「新規学卒者の採用・選考に関する企業の倫理憲章[2)]」を出した。

その内容は、①情報公開の徹底、②採用選考活動早期開始の自粛、③正常な学校教育と学習環境の確保、④公平・公正な採用の推進、などである。そこでは特に、卒業学年に達しない学生に対して選考活動をおこなうことや採用選考活動の早期開始の自粛、身柄の拘束の排除などが強調されている。これは、大学側の要望である「正常な学校教育と学習環境の確保」に応えた憲章と一定の評価はできる。しかし実際は、例えば、学部では3年生から就職活動が始まり、大学院修士課程に在籍する院生も、その在籍期間中の多くの時間を就職活動に費やさざるをえない状況にある。内定後においても内定式や研修などで、学生の大学（大学院）在籍期間にも企業からの拘束が当然のようになされているなど、従来から指摘されているような問題が完全に排除されたかどうかは疑わしい。今後は、両者が具体的な日程調整を密におこなうなど、より明確なルールづくりを推進し、企業と教育機関双方にとってメリットがあるシステムを構築することが必要となろう。

教育の目的は人づくりである。そして、その方法は無限である。これまで見てきたように、国のあり方は国際社会の動向に左右され、企業の求める人材像も必然的に変容し、それに沿って教育目的や指針も変わっていく。ただ、人づくりは国の基盤づくりでもある。多くの事実を検証し、バランスのとれた教育を構築するために社会総がかりで議論していくことが重要なのである。

第2節　学習指導要領

学習指導要領の変化

日本の教育の目的・方針を決定し所管している文部科学省は、教育の内容や活動を教育課程（カリキュラム）として編成している。教育課程とは、各学校の教育の目的や教育目標を組織的・系統的に配列した教育計画であり、文部科学大臣の公示により規定される。そして、その教育の実施要綱（ガイドライン）となるのが学習指導要領である。

1946（昭和21）年に「試案」として登場した学習指導要領は法的拘束力を持たないものであったが、1958（昭和33）年に学校教育法施行規則が改正されると共に、法的拘束力が強調されるようになった。この法的拘束力については多くの議論が交わされ、現在は、学力テスト裁判（1976〔昭和51〕年5月21日）と「伝習館高校事件」（1990年〔平成2年〕1月18日）の最高裁判決から、全国的な大綱的基準として合理性を持つものと理解されている。

そして、この法的根拠となるのが、学校教育法である。学習指導要領は、学校教育法20条の「教科に関する事由」により、その権限の所在を官報告示とされる。つまり、学校という現場においては、教育課程は学習指導要領という、いわば「教科書」をもとに規定されなければいけないことが法律で明文化されているのである。したがって、学習指導要領が教育課程の内容を大きく左右することとなるが、特色ある学校づくりが推進されている中、その性格は最低基準として捉えられ、現在では各学校の自治が担保されている。

学習指導要領は、第二次世界大戦後、約10年に一度の間隔で改訂さ

表1　学習指導要領の変遷

年（改定年）	詳細	内容のポイント
1947年 （昭和22年） 3月	「学習指導要領一般編（試案）」	・憲法、教育基本法、学校教育法などによる、平和と民主主義の教育 ・6-3-3-4 制発足 ・教師の手引きとして出される ・社会科や自由研究が創設
1951年 （昭和26年）	試案はそのまま、小中高とも1951年から実施	・前回の不備を補填:「学習指導要領に示されたものよりも、いっそうすぐれた指導計画や指導法を教師が発展させることを希望したい」とする ・自由研究を廃止、特別教育活動が設置される
1958年 （昭和33年）	1963年実施 「官報」に告示	・国家基準性、法的拘束力が強化される ・「道徳」の特設（小・中） ・道徳、学校行事、特別教育活動と教科で教育課程を編成 ・道徳教育、基礎学力充実、科学技術教育、能力・適性に応ずる教育の重視
1968年 （昭和43年）	1973年実施 「官報」告示	・「現代化」をめざし、小学校から集合、関数などが導入され、「つめこみ教育」となる ・授業を理解できない子どもの大量発生が問題となり、「能力・適性」の名による選抜教育が強化 ・小学校から神話教育復活 ・教科、道徳、特別活動の三領域（小・中）となる ・高校のコース制、多様化
1977年 （昭和52年）	1982年実施 「官報」告示	・「君が代」の国歌化など国家主義強化 ・「人間性」、「ゆとり」、「個性」、「能力」に応ずる教育の強調 ・総則から教育基本法が削除（小・中）され、小・中・高の一貫教育、授業時間の削減、内容の精選が謳われる ・高校で習熟度別学級編成、「ホテル科」など多様化が徹底
1989年 （平成元年）	1994年実施 「官報」告示	・道徳教育内容の重点化、副読本使用の奨励 ・「国旗・国歌」の取り扱いの明確化 ・年間授業時間数は現行通り、中学英語週4時間 ・小学低学年の社会科・理科廃止、生活科新設 ・中学2～3年選択授業の拡大、習熟度別指導の導入 ・高校社会を廃止し、「地歴科」「公民科」新設 ・格技を「武道」と改める
1998年 （平成10年）	2004年一部改正 「官報」告示	・完全学校週5日制 ・「ゆとり」の中で「特色ある教育」を展開 ・自ら学び、自ら考える力などの「生きる力」 ・授業時間の縮減 ・「総合的な学習の時間」の創設 ・国際化、情報化への対応

出典：和田ほか（1992）より筆者改変。

れている。学習指導要領の変遷については表1に示したが、そこに見られるように社会動静が強く反映された内容の変化となっている。

グローバリゼーションと学習指導要領

1998（平成10）年の学習指導要領の改訂は、その理念の第一項目に「豊かな人間性や社会性、国際社会に生きる日本人としての自覚の育成」があげられるなど、国際社会が強く意識されたものであり、ゆとりのある教育活動の中で「生きる力」を育むことがその目標に掲げられている。そして、この目標の体現のため「総合的な学習の時間」が導入され、授業時数の縮減と厳選、各学校における特色ある教育活動が実施された。また、選択学習として学校選定教科・科目も設定されるなど、学校自治が認められる運びとなったのである。

次の新学習指導要領の告示は2008年である。この改訂の目的は、現行の学習指導要領の柱である「生きる力」を育むという理念の実現に対応する具体的手法の確立である。その内容[3]は、①改正教育基本法を踏まえた学習指導要領の改訂、②「生きる力」という理念の共有、③基礎的・基本的な知識・技能の習得、④思考力・判断力・表現力の育成、⑤確かな学力を確立するために必要な時間の確保、⑥学習意欲の向上や学習習慣の確立、⑦豊かな体や健やかな体の育成のための指導の充実、となっている。つまり、「生きる力」とは、人間が生きていくための基盤となる能力を指し、これを育成するための方法論として心と身体の成長に着目されているのである。

2009年2月、文部科学省は、「心を育む」というテーマの下、小中高校生を対象にした倫理観・自立心・自制心を育てることを提案する。これは、具体的には、外遊び、校訓、文化芸術、家庭生活とそのルール、地域の力を通じて「生きる力」を育もうというものである。これはまた、学習指導要領の道徳教育を補完しようというものである。

グローバリゼーションの進む中で、自分を見失わないための心の教育には何らかの拠り所が必要となる。2009年の改訂では、その具体的な指針が示されたということである。ただ、この教育方針は、日本の風土や歴史を踏まえた文化を強く意識した設定となっているため、教育観の相違などからその是非については議論がある。つまり、何を拠り所にし、心の教育をなすのかといった根底的な方針が、現在議論すべき課題となっているのである。

学習指導要領の性格

このように、日本の教育は、文部科学省によって策定された学習指導要領という設計図をもとに基盤が作られ、その部分的な空白を現場の学校が自由に作図することが許される、という形になっている。

しかしながら、逆に言えば、このような図式は、教育における上位下達の性格を示唆するものとも捉えられる。その一例として、教科書検定があげられる。学校教育において教科指導の教材となる教科書は、教科書検定制度をもとに文部科学大臣により審査され、公立校の場合は教育委員会、私立校の場合は校長によって採択される。当然のように、教科書の内容は学習指導要領の教育内容に沿ったものでなくてはならず、現場の教員は、文部科学省が認めていない教科書を使うことは許されないのである。

つまり、現場の学校自治は文部科学省が認める範囲内の自由であり、その意味では、教育界にも強い「しばり」が存在するのである。ただ、この「しばり」には、バランスの取れた教育を可能にするという役目もある。すなわち、このような学習指導要領の性格およびその「しばり」が、教育を受ける者にとって有益かどうかこそが問題とされなければならない。

表2　文部科学省における政策形成過程の特徴

① 現場ニーズの積み上げに基づく政策形成
② 政策の継続性の重視
③ 国民的合意（コンセンサス）形成
④ 意思決定のプロセスの冗長さ
⑤ 脆弱な主体性

第3節　教育政策の矛盾

教育政策形成の特徴

日本における教育政策は、文部科学省によって形成・展開される。表2は、政策形成の特徴を示したものである。以下には、城山らの分析を要約する。

特徴の1点目は、政策形成が現場ニーズの積み上げに基づいていることである。つまり、現場ニーズの把握とそれに応える政策が考案され、優先順位が決定されるのである。しかし、現場が固定化される結果、その「場」の外にある現場は放置される欠点がある。なお、ここでいう現場とは、初等中等教育行政では学校および教育委員会であり、高等教育行政においては大学を指す。2点目は政策の継続性が重視されていることである。教育は長いスパンで見なければその効果が測定できない。そのため、教育政策は、従来の政策が基本的には継続されながら必要な修正がそこに加えられていくという形がとられている。さらに3点目は、教育は国民が対象であることから、広く国民の合意（コンセンサス）の形成が必要となることである。よって、教育行政では、時間をかけて政策形成がおこなわれることとなる。そして4点目は、3点目に関連して、現場からのアイディアが公の場に提出され、政策としてのプロセスに乗るまでには時間がかかることである。例えば、1998年より導入された中高一貫教育制度は、ほぼ25年前の1971年に中央教育審議会にて提言されていたものである。最後に5点目は、時代における主流の政治勢力が主張するイデオロギーが教育に反映されやすいことである。そして、このことが政治と教育の狭間での現場の苦悩を生じさせている。

このような特徴は、多様化する現代社会においては、反面、課題として指摘できるものでもある。言うまでもなく、教育は国の基幹事業であり、この課題の早急な解決が期待されるのである。

セクショナリズム

セクショナリズムとは、自己の属する局や課にこもる排他性と他組織に対して持つ競争心の両方を指す用語である。大小問わずほとんどの組織に見られ、文部科学省もその例外ではない。図1は文部科学省の組織図である。教育政策の形成を所轄する組織は縦割りとなっており、多くの局・課が関係している。そして、各々の局や課は、それぞれ独自の政策領域を持っており、それぞれに課題を発見して政策を練っていくという形式をとる。局・課間における優越性の差があるために、政策実施にとって望ましいと連携が必ずしもとれるとは限らない。ここに見られるセクショナリズムが、時には整合性に欠けた政策形成がなされる一因となっている。

例えば、学校教育における教科活動の体育は、複数の政策領域に属している。1つは教育であり、もう1つはスポーツである。学習指導要領は初等中等教育局教育課程課が担当し、カリキュラムが編成される。一方、スポーツ・青少年局は「子どもの体力向上」を政策目標に掲げ、体育課が学校体育振興事業を展開している。体育に関して、複数の局が政策を立案し、展開しているのである。スポーツ・青少年局側から言えば、政策目標である子どもの体力向上を達成するには、体育の授業を増やし、文部科学省全体をあげての体育への取り組みが、その政策目標の到達を可能とする、という見解を持つ。しかし、カリキュラムの編成を担当する教育課程課には教育課程課の政策目標もあり、スポーツ・青少年局の狙いだけが優先されるわけではない。このように1つの政策をめぐっても、各局・課の意図が交錯し、競争心が生まれる。ここにセクショナリズムの発現を見ることができる。

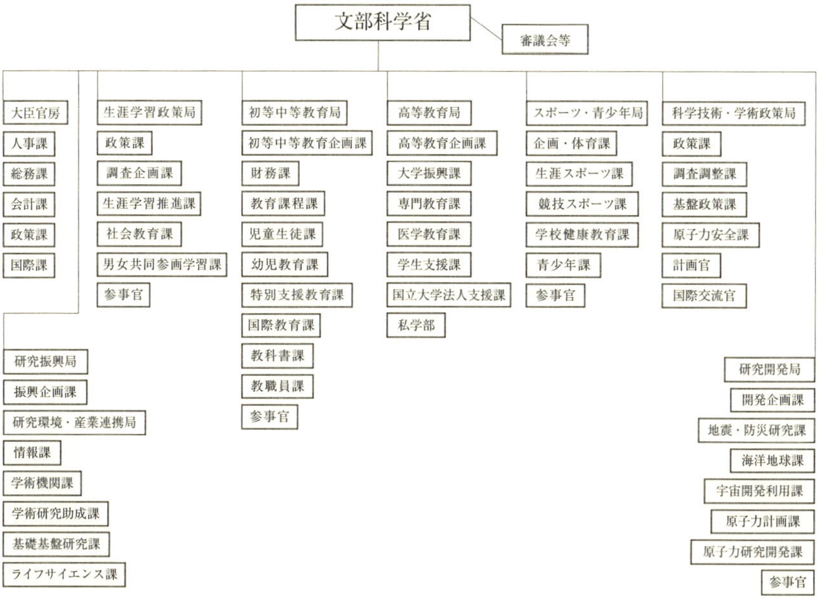

出典：行政管理研究センター（2009）。

図１　文部科学省組織図

教育委員会の役割

教育政策における文部科学省の役割は、①基本的な教育制度の制定、②学校設置基準や学習指導要領における教育課程、学校編成と教職員定数など全国的な基準の制定、③公立小中学校の教職員の給与費や学校施設の建設などに要する費用の国庫負担や教科書の無償給与などである。組織的には、この文部科学省を最高責任者として、都道府県、市（区）町村、が続く。都道府県と市町村には、それぞれに教育委員会が独立の法人として設置されている。そして、教育行政の一本化と地方自治の尊重を図るため、文部科学省は教育委員会に対して、「指導」、「援助」、「助言」をおこなう。教育は、文部科学省内で形成された政策が縦系列で末端の学校にまで届く図式となっている。

教育を構成するこの構図の中で、とりわけ教育委員会の役割が現場においては大きい。都道府県教育委員会の機能は、表３に示したように多

表３　都道府県教育委員会の機能

①	学校その他の教育機関の設置、管理、廃止
②	教育財産（学校その他の教育機関の用に供する財産）の管理
③	教育委員会、学校その他の教育機関の職員の任命その他の人事
④	学齢生徒・児童の就学、生徒・児童・幼児の入学、転学、退学
⑤	学校の組織編成、教育課程、学習指導、生徒指導、職務指導
⑥	教科書その他の教材の取扱い
⑦	校舎その他の施設、教具その他の設備の整備
⑧	校長、教員その他の教育関係職員の研修
⑨	校長、教員その他の教育関係職員、生徒・児童・幼児の保健、安全、厚生、福利
⑩	学校その他の教育機関の環境衛生
⑪	学校給食
⑫	青少年、女性教育公民館の事業その他の社会教育
⑬	スポーツ、文化財の保護、ユネスコの活動、教育に関する法人に関すること
⑭	教育に関する調査、指定統計その他の統計
⑮	所掌事務に関する広報、教育行政に関する相談
⑯	その他の当該地方公共団体の区域内における教育に関する事務
⑰	会議・運営、事務局の内部組織その他その権限に属する事務に関する教育委員会規則の制定

出典：渡辺蓊（2004）より筆者改変。

岐にわたっている。

　これを受け、市町村教育委員会の職務権限は、学齢の児童・生徒の就学事務、学校等の施設の維持・管理、学校活動・施設管理の不備などによる損害賠償、教職員の不祥事の対応、教職員の服務上の監督、と限定されている。つまり、都道府県教育委員会と市町村教育委員会の間にも「指導」、「援助」、「助言」という関係性が存在することとなる。すなわち、教育委員会という組織は、学校現場における教育活動のほとんどに対して権限を有していることとなる。

文部科学省と教育委員会の関係

　しかしながら、教育行政における最高責任の所管は文部科学省であり、このように現場で大きな権限を持っている教育委員会が教育の表舞台に出てくることはほとんどない。そのため、教育に関わるコンセンサスの形成の一番重要なアクターであり、国民に最も身近であるはずの教育委員会が、実体の見えない存在となってしまっているのである。教育政策を考える上ではこれが課題となる。市町村教育委員会が政策主体になっていない一例として義務教育における行財政を見てみよう。小・中学校の職員である義務教育学校職員の給与は、所属先である市町村から支払われるのではなく、文部科学省と都道府県の両者で負担されている。それに加え、教職員の人事権も都道府県教育委員会にあり、このことから市町村教育委員会が教職員数を増減したり、給与体系を変更しようとしたりすることはできないのである。

このような例は、財政面だけのみならず、組織の行動においても見られる。都道府県教育委員会は、市区町村の小・中学校といういわゆる義務教育学校の管理・経営に関する権限も有している。そこから、学校現場は市町村教育委員会のしばりを受け、市町村教育委員会は都道府県教育委員会のしばりを受けることとなる。前述のように、学習指導要領は、それぞれの状況に合わせた各学校の教育目標の設定を目指している。しかしながら、市町村の義務教育学校の現場が、独自性を活かした目標をもとにした運営・経営方針をどのように策定しても、それは教育委員会の規則に沿うものでなくてはならないのである。このような例は、現場教師という立場となればさらに顕著であり、現場からの独創的な発想があったとしても、その実現への道は険しい。

つまり、文部科学省を中心とした現状の複雑な政策形成過程の中では、市町村教育委員会の権限はあまりにも小さいのが現状である。現場を主体とする政策の実行には、市町村教育委員会が積極的に行動できるような制度設計が必要であると考えられる。

第4節　ライフスキル教育の導入に向けた課題

家庭教育と学校教育

子どもの教育については、基本的な生活習慣と学校の成績に相関関係があるというデータも出ていることから、学校だけでなく家庭環境が重要であるという指摘がなされている（苅谷ほか、2008年）。

こうした動向を受け、文部科学省は、子どもの教育には、学校と家庭との連携が重要と主張する。表4は、文部科学省が示す家庭の教育力の向上に向けた取り組みのまとめである。そこでは、家庭教育をすべての教育の出発点とし、子どもが基本的な生活習慣・生活能力、豊かな情操、他人に対する思いやりや善悪の判断などの基本的な倫理観、自立心や自制心、社会的なマナーを身につけられるような家庭の教育力を向上させることを目指した、すべての親を対象とする家庭教育支援が進められている。

しかしながら、学校現場を顧みると、家庭と学校の間の信頼関係がしっかり構築されているとは言いがたい。家庭でのしつけと学校での教育活動の方針が同じ方向を向いていない場合が多いのである。戦後日本の学校運営は、学校と保護者がPTA（Parent-Teacher Association）を介して連携を図る形でおこなわれてきた。ところが、昨今では、ニーズの多様化などから、教師と保護者が教育現場での指導方針や結果に対する共通認識を持つことが難しい状況にある。保護者による学校側への直接的な要求の話題が世間を賑わしたことは記憶に新しい。

つまり、教師と保護者との関係性が以前とは変わっているのである。教師が学校や学級全体に目配りするあまり、生徒一人ひとりの特性を見落としがちであり、一方、保護者はわが子かわいさのあまり、全体への配慮を欠きがちという傾向が見られる。こうした問題は、教師の行動を制約し、保護者と教師・学校間の信頼関係をさらに毀損する。教師と家庭が互いに信頼し理解しあうためには、互いを知る対話の場を設けると

表４　家庭の教育力の向上に向けた取り組み

家庭教育を支援するための取組		
1	家庭教育に関する学習機会の提供	・子どもの発達段階に応じた子育て講座 ・中・高校生を対象にした子育てへの理解を深める講座の開設
2	家庭教育関する情報の提供	・「家庭教育手帳」 ・「ドキドキ子育て（乳幼児編）」 ・「ワクワク子育て（小学校低学年から中学年編）」 ・「イキイキ子育て（小学校高学年から中学生編）」
3	家庭教育支援における先進的な取り組み	・子育てサポーターの全国的配置 ・「訪問型の家庭教育支援」
4	家庭教育支援の今後の課題	・子育てに無関心な親や孤立しがちな親に対する支援 ・父親の家庭教育参加の促進や地域が一体となって子育てを行っていくための環境整備 ・次世代の親となる若い世代が幼児やその親とふれあう機会を作り出す
子どもの基本的生活習慣の育成に向けた取り組み		
1	子どもの基本的生活習慣の現状と課題	①子どもの就寝・睡眠時間 ②子どもの朝食
2	「早寝早起き朝ごはん」国民運動の展開	①子どもの生活リズム向上プログラム ②「早寝早起き朝ごはん」全国協議会による運動の展開

出典：文部科学省（2007）57-62 頁。

いうような地道な取り組みが必要となる。だが、現実は、物理的にも時間的にもゆとりがなく、継続的な対話を実現するために解決しなければならない課題は多い。

こうした問題は、教師の行動を制約し、保護者と教師・学校間の信頼関係をさらに毀損する。教師と家庭が互いに信頼し、理解しあうためには、互いを知る対話の場を設けるというような地道な取り組みが必要となる。

教師が直面する現実

教育の荒廃が問題となる昨今、教育現場は、まさに混乱の渦中にある。教師[4]の問題行動や学級崩壊、いじめや不登校など、様々な事件や問題の発生により、教育現場に対する不信感が年々高まっている。特に、教師に対する社会的な評価は、ここ数年で大きく低下している。にもかかわらず、問題のあった生徒に対する対応や生徒の学力向上、地域に開かれた学校運営など、現場の実質的な運営を担う教師にかけられる責任と期待はますます大きくなっている。

こうしたことを背景に教職制度が見直され、2009年より教員免許の更新制[5]が導入されることとなった。これは、変容する社会のニーズに応えるべく、教育制度改革が迅速に実施された成果であると評価できる。しかしながら、更新制の導入で教育の質が向上するのかについては疑問も指摘されている。

というのも、現状を見る限り、教育のビジョンが政策に明確に反映されているいるとは言いがたく、あちこちに齟齬（そご）が見られるからである。たとえば、週休２日制導入（詰め込み教育からゆとり教育への政策変更）の一方で、学校評価においてはあいかわらず有名校への進学率が重視されている。また、課外活動としてクラブ活動を奨励しているものの、（国公立学校の場合には）顧問の仕事に対する時間外手当てなどの金銭的な補償はなく、現実には一部の熱心な教師のボランタリーに依存している。そして、現場で教師が向きあう保護者の中には、本来は親がなすべき子供のしつけを学校に肩代わりさせる者や、保護者に課せられた教育を受けさせる義務を行政の義務と取り違えて学校への納付金を拒否する者、また、経済的な格差の拡大により学校への納付金が支払えない者なども見られるという。

このように、教師の抱える問題は多様で複雑であり、教師一人の手に負えるようなものでないことも多い。こうした課題の解決については、社会全体で取り組んでいかなければならないのである。

ライフスキル教育への期待

以上、教育現場での現状について、教育を取り巻く環境および教育行政に関わる制度的な問題を概観した。そこで指摘できるのは、政策形成過程や実行過程においてセクショナリズムが無駄や矛盾を生んでいること、長期的な教育ビジョンに基づいた確固たる教育政策が実施されていないことである。

内閣府主宰の教育再生会議や教育再生懇談会による様々な政策提言[6]は、従来存在した親と教師、地域社会と学校の健全な関係の再構築を目指すものであり、社会のセーフティネットづくりと言い換えることもできるだろう。健全な協調関係を構築するには、様々な関係者が利害を超えて連携し、教育についての理想を合意を形成していく必要がある。こうしてはじめて、個別の対症療法を超えた問題解決方法を見出していくことができるのである。全人教育を体現したものであるライフスキル教育は、失われた信頼関係を現場が主体となり再構築していく際に、何らかの有効な役割を果たせるであろう。

注

1) 新自由主義（nco-libcralism）とは、資本主義的市場を基盤とした自由主義に対する批判として制度化された経済思想である。その目的は、企業活動への規制、福祉政策、弱者救済の特別措置などの国家の経済規制を、市場での自由な競争が展開できるように廃止させることにある。
2) 日本経済団体連合会（2002年）。
3) 文部科学省ホームページ（2008年4月18日確認）
4) 佐藤晴雄（2008）147-166頁。教師という言葉はいわゆる慣用語であり、正式名称ではない。法令では「教育職員・教職員」などの用語が用いられ、主幹教諭、指導教諭、教諭・助教諭・講師、栄養教諭、養護教諭・養護助教諭、校長、教頭（副校長）など給料表の「教育職」が適用される職員を意味するのが一般的である。本著では、現場で教育職に従事している職員を包括的に教師と呼ぶことにしている。
5) 文部科学省初等中等教育局教職員課「教員免許更新制のしくみ」
6) 教育再生会議最終報告「社会総がかりで教育再生を～教育再生の実効性の担保のために～」（平成20年1月30日）
http://www.kantei.go.jp/jp/singi/kyouiku/houkoku/honbun0131.pdf
教育再生懇談会は、教育再生会議の提言のフォローアップのために平成20年2月26日発足。http://www.kyouiku-saisei.go.jp/

文 献

今村都南雄『官庁セクショナリズム』〈行政学叢書〉第1巻、東京大学出版会、2006年。

大久保史郎編『グローバリゼーションと人間の安全保障』〈講座・人間の安全保障と国際組織犯罪〉日本評論社、2007年。

越智道雄編『リベラルアーツと大学の「自由化」―― 教養・専門課目の活性化をめぐる考察』〈明治大学人文科学研究所叢書〉明石書店、2005年。

苅谷剛彦ほか『格差社会と教育改革』岩波書店、2008年。

行政管理研究センター「行政機構図2008年版」2009年。

佐藤晴雄『現代教育概論』(第2次改訂版) 学陽書房、2008年。

佐貫浩『新自由主義と教育改革 ―― なぜ、教育基本法「改正」なのか』旬報社、2003年。

佐貫浩編『新自由主義教育改革 ―― その理論・実践と対抗軸』大月書店、2008年。

城山英明、細野助博編著『続・中央省庁の政策形成過程 ―― その持続と変容』中央大学出版、2002年。

田口富久治、鈴木一人『グローバリゼーションと国民国家』青木書店、1997年。

同志社大学国際センター『アメリカの日本学教育 ―― リベラルアーツカレッジにおける日本イメージの再生』大巧社、2007年。

日本経済団体連合会ホームページ　http://www.keidanren.or.jp/indexj.html

日本経済団体連合会「若年者を中心とする雇用促進・人材育成支援に関する共同提言」に基づく日本経団連の取り組み、2003年。

日本経団連教育問題委員会「企業が求める人材像についてのアンケート結果」2004年。

日本経済団体連合会(会長奥田碩)「平成15年度　新規学卒者の採用・選考に関する企業の倫理憲章」2002年。

文部科学省編「文部科学白書　教育再生への取組/文化芸術立国の実現」国立印刷局、2007年。

文部科学省ホームページ　http://www.mext.go.jp/a_menu/shotou/new-cs/idea/index.htm

文部科学省初等中等教育局教職員課「教員免許更新制のしくみ」http://www.mext.go.jp/a_menu/shotou/koushin/08051422.htm (2008年6月20日最終確認)

山﨑英則、西村正登編『求められる教師像と教員養成 ―― 教職原理』〈MINERVA教職講座〉第14巻、ミネルヴァ書房、2001年。

和田修二、柴野昌山、高木英明監修『教育課程』〈新・教職教養シリーズ〉第2巻、協同出版株式会社、1992年。

渡辺蓊『教育行政』日本図書センター、2004年。

第2章　学校教育再生の試みと対策

第1節　進路指導

偏差値教育

文部科学省の『学校基本調査』によると、現在の日本においては、高等学校への進学率が97%を超え、大学や専門学校には高校生の60%以上が進学している。今や、入学試験は青少年のほとんどが必ず経験する、言わば現代社会の「通過儀礼」となっている。

このような状況の下、学校教育の現場では、「進路指導」と言われる教育活動がおこなわれている。理想を言えば進路指導とは、生徒自身に人生の目標を立てさせ、自分の特性や能力を客観的に把握させる「自己理解」をうながすと共に、業種や職種といった社会構造を理解させ職業観や勤労観を養い、総合的判断に立った進路実現に導くものでなければならない。つまり、進路指導の意義は、「①健全な職業観・勤労観を育てる。②自主性を育て、主体的な意思決定能力を高める。③社会性を育て、社会的適応能力を高める」（広井、1985）などの人間的成長をうながすことにある。

しかし、現実には、偏差値による「輪切り指導」がおこなわれている。進路指導の主な目的は、国公立大学を中心とした偏差値の高い大学への合格のため、模擬テストの結果を重視するなど、学力向上のみに置かれている。つまり、生徒の適性にあった指導ではなく、進学実績をあげることが重視されており、これが、しばしば「偏差値教育」との批判を受けるのである。これは、受験科目の授業時間を確保するために必修科目を他の教科に振り替えていた「未履修問題」や、大学への進学実績をあげるために高等学校が受験料を負担し、一部の生徒に複数の大学を受験させていた「水増し受験」などの社会的問題の背景ともなっている。

大学全入時代の受験

学力偏重に終始する進路指導の一方では、「大学全入時代」を迎えつつある。「大学全入時代」とは、18歳人口の減少により大学への入学志願者総数（需要）と募集人員の総数（供給）との関係が逆転し、希望すれば誰でも大学に入学できる時代のことを言う。これは遠い将来の話ではなく、現在においても、すでに、短期大学の経営難、四年制大学における定員割れ、大学間の統廃合などに顕在化している。

また、大学生の学力低下も深刻な問題である。大学は「入学者数を維持するならば同時に低学力の学生や目的意識の低い学生を受け入れなければならないし、入学者数を減らせば学力を維持できるが、経営的に苦しくなる」（岡本、2006）というジレンマに直面している。

そこで、各大学は偏差値や学力の向上をはかる一方、経営面での安定を周知するため積極的に第三者評価も受け、その結果を公表している。制度としては、2002年の臨時国会で成立した「学校教育法の一部を改正する法律」により、すべての国公私立大学は7年に一度、第三者評価[1)]を受けることが義務づけられた。また、それ以外の文部科学省による「特色ある大学教育支援プログラム（特色GP）」や「現代的教育ニーズ取組支援プログラム（現代GP）」（なお、2008年度からは特色GPと現代GPを発展的に統合した「質の高い大学教育推進プログラム」（教育GP）へと名称変更された）といった助成システムも、大学の教育内容を評価する仕組みと言える。さらには、大学の財務状況について、企業と同じように「格付け」を信用調査機関[2)]に依頼する学校法人もある。

これらのことは、高等学校における進路指導に様々な影響を与えている。高等学校の進路指導主事に対するアンケート調査（リクルート、2006）によると、進路指導を困難となす要因は、生徒の「進路選択・決定能力の不足」、大学入試の「易化・多様化」、生徒の「学力低下」が上位を占める。誰もが大学へ進学できる現状のために、「働きたくない」や「みんなが大学へ行くから」など、具体的な勉学目的を持たずに大学へ進学する生徒が増加しているという。また、基礎学力を直接問わない推薦入試やAO入試が増加したため、以前のように一般入試へ向け学力を向上させていくような学習指導が難しくなっている。大学全入時代を誤解を恐れずに言い換えると、それは、まったく勉強しなくとも安易に合格できる大学を探せば、誰もが大学に進学できる時代なのである。

アクター間の関係

ここでは、進路指導に関わる主体となる生徒・保護者・高等学校教員について考える。

生徒は入学試験という現代社会の「通過儀礼」を経験することにより大人社会の仲間入りを果たす。しかし、前述したように、近年の入試システムや社会情勢の変容により、安易に通過することも可能になり、「通過儀礼」の意味が薄れてきている。また、最近の若者の特徴として、一昔前に比べて体格は良いが体力が不足していたり、偏った受験勉強の結果、精神的にも肉体的にも「ひ弱」な者が増えている[3)]という（内閣府、2007）。高校生に対しても、理想的には、じっくりと先達の知識を受け継ぎながら、スポーツもするといった「文武両道」の教育が、本来はなされるべきである。

保護者については、親子間のコミュニケーション不足から、子どもたちの将来の希望について充分な共通認識を持てていない現状がある。また、「入試制度」が年々多様化するために正確な情報を持ちにくいことも指摘できる。さらには、大学の高額な学費負担についての深刻な問題がある。つまり、生徒の進路が保護者の収入によって大きく左右されるのである。

高等学校の教員を見ると、大学・短大・専門学校への進学指導、企業への就職指導、進学でも就職でもなく進路を決めかねている生徒への指導など、多種多様な生徒への対応に多忙を極めている。また、教育政策における規制緩和により、通学区域が広がったために、高校進学における生徒の選択の幅が広がっている。つまり、高校の評価は進学実績のみに直結した進路指導に左右されることになり、このことが同時に学校経営にも影響を与えている。

以上のように、時代の変化と共に進路指導の在り方が大きく問われている。しかし、何よりも重要な点は、生徒自身が自分の将来像を明確にイメージでき、そうなるための課題をクリアする能力を身につけられる環境づくり、いわゆる「人生の疑似体験」の場の設定にある。このような体験の場が、現在の学校教育には圧倒的に不足している。

第２節　運動部活動

文武両道

部活動は、日本の伝統的な「学校文化」であると共に教育的には体験型活動の実践の場である。部活動は、明治初期に高等教育機関において結成された課外における組織的なスポーツ活動や文化活動をその起源としている。そして、とりわけ、運動部活動では、「文武両道」が前提とされている。

「文武両道」の本来の意味は、学問と武芸の両方に優れていることであるが、現代では勉強とスポーツの両立を指す。特に学校教育では、校訓や教育方針にこの「文武両道」を掲げ、勉強と運動部活動の両立を奨励する学校が多い。

図１は、生徒の心と身体の成長を同時にうながす運動部活動の役割をまとめたものである。役割には４つの側面がある。

1つ目は「達成」である。全国大会や地区予選といった、地域やレベルに応じた試合に向けて日々練習を積み重ねた上での勝利や、合宿や練習を終えた時の充実感は日常の生活では得られない体験となる。

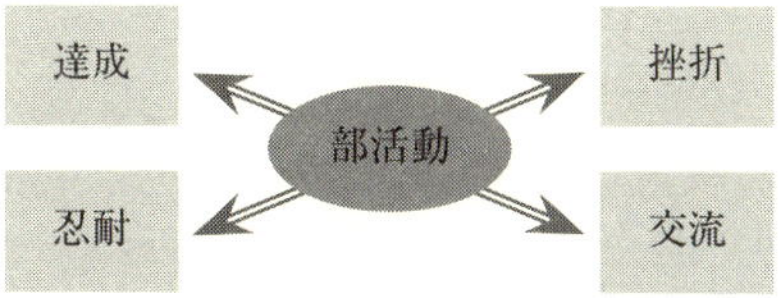

図1　運動部活動を通じて会得できる体験

2つ目は「挫折」である。試合での敗北やミス、競技上でのスランプなど、時には失敗を経験することもある。また、努力しても結果が出ないなどの不条理を経験することもある。しかし、こうした体験からの学びは、その後の人生における苦難を乗り越える糧（かて）となる。

3つ目は「忍耐」である。生活の便利さや、冷暖房の効いた快適な環境に慣れている子どもが、真夏や真冬の練習を通して、身体の限界に挑戦する機会を持つことなどは、現代の子どもに欠けていると指摘される我慢強さの体得となる。

4つ目は「交流」である。運動部活動は、同級生だけではなく、先輩や後輩、顧問教員や外部コーチといった異なる年代で構成される。また、試合や合同練習などを通じて他校や他府県の生徒・関係者とも交流を持つ。ここには、日常的に固定化される学級を超えたコミュニケーションが体得される。

このように、運動部活動は、相手を思いやる心や優しさ、身体を動かす事の楽しさや苦しさ、チームワークや責任感を生徒自身が経験することによって感じ取れる、現代社会では数少ない場である。

そして、この運動部活動を支える理念が「スポーツマンシップ」である。全国の運動部活動を統括する全国高等学校体育連盟では、その目的を「アマチュア・スポーツマン精神に則り実施されなければならない」としており、競技者は「ルールとマナーを守り、フェア・プレーの精神に徹する」（財団法人全国高等学校体育連盟、2002）べしとされている。直接的、効率的な物質的利益が前面に出る現代社会にあって、運動部活動が日本の高校生の１つの模範（ロールモデル）とされるのは、以上のような情的価値を内包しているとの理解に基づいているからであろう。

光と影

高等学校における運動部活動の体験は、高校３年間だけでなく、その後の人生に大きな影響を与える。そのことを意識しているある名門高校野球部の指導理念は、高校卒業後に一人の人間として活躍できるように、野球だけでなく礼儀や自主性を養うことに重点を置いている。

運動部活動での成果は、生徒のキャリア形成に役立つ。全人的な活動が評価の対象となる推薦による進学、選手や指導者としての就業、あるいはボランティアという立場でのスポーツへの関与、スポーツで得た知識や経験を活かしての職場におけるリーダーシップの発揮などである。しかし、一方には運動部活動が持つ次のような「負の側面」もある。

まず、１つ目は指導面の問題である。勝利至上主義は行き過ぎた指導を招き、それが原因で「バーンアウト（燃え尽き）症候群」の生徒を作る。オーバートレーニングや厳しい練習によって、文字通り選手が精神的にも肉体的にも燃え尽きてしまうことにより、有望な選手が途中で競技を辞めたり、大学や社会人でのプレーを断念するケースがある。また、選手の健康を無視した指導などにより成長期の身体に大きなリスクを与えるスポーツ外傷・障害も問題視される。特に甲子園での高校野球は、エースピッチャーの連投による肘や肩への障害が懸念されており、最近では大会前に医師による検診が導入されている。さらには、炎天下での練習や試合で、毎年のように熱中症が発生しており、最悪の場合は死亡事故に至るケースがある。これらは、指導面における競技力向上と運動部活動の教育的価値とのアンバランスから生じるものであり、指導者自身が文武両道の意義を再確認する必要があると言えるだろう。

２つ目は運動部活動の運営の問題である。顧問や監督による体罰やしごき、部員間でのいじめや暴力事件が跡を絶たない。これらは運動部活動に関わる指導者の社会性の欠如に起因するもので、第三者の視点を運営に導入することが求められる。

3つ目は制度上の問題である。最近では学校宣伝を目的としたスポーツ選手の特待生制度や、海外から留学生を勧誘し試合に出場させる「外国人選手」の起用、野球をするためだけに他府県の高校へと進学する「野球留学」といったことが論議を呼んでいる。また、プロ球団との接触による選手や指導者への金銭の授受や、選手勧誘についての斡旋に金銭を目的とした第三者が関わる「ブローカー」の存在は、高校の運動部活動全体を揺るがす大きな問題となっている。

以上のように、本来は教育的に有効な手段として活用されるはずの運動部活動であるが、指導方法や運営方法を誤れば高校生の人生を台無しにする可能性もある。文武両道の理念と整合性を持つ制度設計が望まれる。

第3節　キャリア教育

自立型人間の育成

一般には「キャリア」は、「経歴や職歴」、「出世や成功」など多義に解釈されている。キャリア教育という言葉は1970年代初頭のアメリカで使われ始めた。当時は、連邦教育局（現在の教育省）の施策として始まった組織的・体系的な進路教育指導のことを指していた。現在、日本では、文部科学省が研究指定校事業などを通じて「キャリア教育」を推進している。その目的は「就職・進学の直接的指導をおこなうことを第一義的に」するのではなく、「生徒の生涯にわたってのキャリアの形成とその充実」（山崎、2006）であるとされている。したがって「キャリア教育」とは、教育活動全般（教科学習や部活動・学校行事）を通じて、現代社会における自立型人間の育成を目指す教育と捉えられる。自立型人間には、健康面の自立、倫理面の自立、経済面の自立、の3つの側面があるという。

まず、健康面の自立とは、自分の身体構造を理解し、体力を高め精神を安定させることを言う。些細なことで「キレる」若者や、精神的な不安定さによる「不登校」や「引きこもり」の生徒は、自身の身体や精神をうまくコントロールできていないと考えられる。健康面の自立については、一般的には運動部活動におけるスポーツが最も効果的であるが、不登校、引きこもりなどの場合には、部活動以外で身体を動かす機会が必要であろう。

次に、倫理面の自立とは、日常の行動を「損か得か」で考えるのではなく「善か悪か」で判断できることを言う。現代社会では、かつて美徳とされていた「勤勉」や「孝行」といった道徳観念が欠如し、「自分さえ良ければいい」や「他人の迷惑顧みず」といった風潮が子どもから大人にまで蔓延しているように思われる。これらに対しては、「スポーツマンシップ」や「フェア・プレー精神」といった誰にでもわかりやすい行動規範[4)]をもとにした指導が重要となる。

最後の経済面の自立とは、自分や家族の生活を経済的に支えることを言う。現代社会にあっては、中退や転職、最終的には「無業」といった状態につながる若者層の増加が大きな社会問題となっている。有名大学への進学や一流企業への就職といった目先の目標に囚われた進路決定のみならず、自分自身の人生のため、どのように生計を立てるかについて、じっくり考える場を教育機関が設定するといった環境づくりが今後は必要となるのである。

インターンシップ

高等学校でおこなわれているキャリア教育の新しい取り組みである「インターンシップ」の目的は、生徒が職場で短期間業務を体験し、勤労観や職業観を養うことである。これを生徒側と企業側から見た場合、生徒にとっては、「職業意識の形成」、「責任感・自立心の向上」、「適職の確認」などといった面で、企業側にとっては「(将来の人材となる) 生徒の職業意識・能力を高める」、「学校や生徒に対して自社のPR」、「学

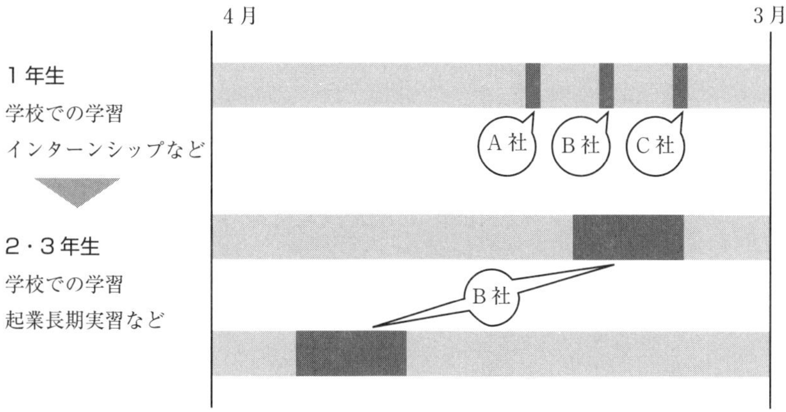

出典：高等学校コンソーシアム京都ホームページ
（http://www.astem.or.jp/consortium/approach/index_2.html）

図2　京都市立伏見工業高等学校「キャリア実践コース」デュアルシステムの企業実習

校との交流が間接的に採用活動にプラスになる」といった面で、それぞれの効果（厚生労働省・文部科学省、2002）が確認されている。

近年では、インターンシップの効果をより高めるために、企業での長期体験実習を可能とするシステムが工業高校を中心に導入されている。このシステムは「デュアルシステム」と呼ばれ、ドイツの職業学校で採用されている職業人育成のための学校での勉強と企業での実習を平行しておこなう制度である。もともとはドイツの職業学校で始められたもので日本では、文部科学省、厚生労働省、経済産業省が連携協力し、推進されている。

具体的事例としては、京都市立伏見工業高等学校では2007年4月からデュアルシステムをおこなう「キャリア実践コース」が設置されている。図2のように、1年次では1週間程度、2・3年次では約2カ月程度にわたって企業へ出向き、社会人から直接指導を受ける「長期実習」が実施される。そして、この実習は授業の一環としておこなわれ、卒業単位としても認定される（京都市立伏見工業高等学校、2007）。こうした取り組みは、高度で実践的な知識や技術の習得をうながし、自身の職業適性への判断を深め、結果として就職後の早期離職を防止できると考えられる。

アントレプレナーシップ

アントレプレナーシップを日本語にすれば「起業家精神」という語があてられるだろう。近年、学校教育においても「総合的な学習の時間」などを活用して、アントレプレナーシップ教育（起業家教育・起業家精神涵養教育）が実践されている。

アントレプレナーシップ教育は、狭義では「実際に起業をおこなう人材の育成」と理解されているが、広義では「発想力や創造力を養い自ら主体的に行動できる人材の育成」と捉えられる。具体的には、アントレプレナーシップの要素である問題発見および解決能力、情報収集・分析能力を向上させるためのカリキュラムの開発や、研究機関や民間企業が開発した市販の教材を活用しながらの授業が展開されている。

これらの取り組みの成果は、例えば、京都リサーチパーク株式会社によると、①経済・起業への理解、②起業することへの興味、③自己認識、④職業観の育成、⑤地域・地場産業への理解と地域活性化への貢献、⑥スキル習得（ITスキル、プレゼンスキル）の育成に有効と分析されている。つまり、アントレプレナーシップ教育は生徒自身がキャリアについて考えるための有効な手段となりうると言えるだろう。

第4節　自己実現

マズローの段階欲求説

人間の欲求を研究し、それを5段階に分類したマズローは、図3に示したように、その最も上位の欲求として「自己実現」をあげている。「自己実現」とは、自身の目的を達成すると共にそれが社会からも認められている状態である。この理論では、下位から①「生理的欲求」（飲

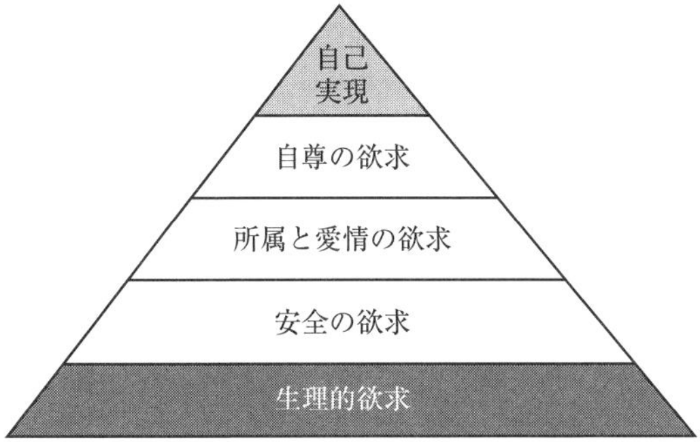

出典：マズロー（2001)。

図３　マズローの５段階欲求説

食・睡眠など)、②「安全の欲求」(生命の安全など)、③「所属と愛情の欲求」(集団に所属し、愛を持って受け入れられたい)、④「自尊の欲求」(自分の才能を評価して欲しい)、⑤「自己実現の欲求」(自分の目的を達成したい) となっている。つまり、マズローによれば、人間の欲求は偶然の思いつきが満たされる形ではなく、まず下位の欲求が満たされてはじめて、上位の欲求がわき、それを満たすことに意識が向くというのである。

元来、学校教育は、家庭において物質的要求などがすでに満たされた状態でおこなわれることを前提としている。それが不充足な状態では、通常、教育活動は難しくなる。昨今の教育病理と言われる問題の背景の1つには、親による幼児虐待や育児放棄などで、子ども達の物質的な欲求が満たされないケースが増えていると思われることである。この場合、その子どもの所属と愛情の要求の充足が脆弱になっている可能性が高い。マズローの説に従えば、こうした事態が改善されない限り、上位レベルの教育は意味をなさないことになる。また、マズローは下位の欲求が満たされないまま、次の段階に進むと、満たされていなかった欲求をそこで満たそうとすると言っている。これは「欠乏欲求」と言われ、自身への注目を引くために問題行動を起こしたり、他者に危害を加えたりする可能性もある。

このような問題を解決する方法の1つが、家庭と学校、地域が協力し年齢に応じたキャリアに関する教育を施し、さらに「生きる力」を育成するライフスキル教育を現場に導入して生徒を自己実現に導く、という粘り強い取り組みである。そのためには次の2つの課題があげられる。1つ目は、生徒を自己実現に導くための指導者の育成である。近年ではコーチングという概念を用いて指導者の育成や指導方法が開発されている。2つ目は、具体的な目標設定（ゴールセッティング）の技術である。目標設定とは、人生の目標を掲げ、その目標を達成するためにすべきことを明記した上で実行計画、再計画のサイクルをもって目標達成につなげるものである。これら2つの課題には、指導者と生徒の相互作用が不可欠である。繰り返し対話する場を持つことは、互いの所属を明確化することとなり、同時に、相手への思いを巡らすという愛情の関係が生まれるのである。

コーチング

コーチングは、現在では、ビジネス界や企業教育において使われるポピュラーな手法である。具体的には、コーチングとは面談や面接を通して目標達成や自己発見、問題解決を引き出す手法のことである。国際コーチ連盟、日本コーチ協会といった民間団体によりプログラム開発がなされ、その団体の認定コーチがコーチングのトレーニングをおこなっている（平野、2003）。

学校教育においては、「教育コーチング」や「学習コーチング」といった具体的手法が進路指導や総合的な学習の時間に導入され、一定の成果をあげている。その際の教師には、メンター（mentor）[5)]やファシリテーター（facilitator）[6)]という、生徒を元気づけたり励ましたりしながら自己実現へ導くようなカウンセリングの専門家としての資質も求められている。

ここでは、優秀な指導者の資質や条件を、運動部活動で顕著な成績をあげている3人の指導者を例にあげ考える。

まず、1人目は京都市立伏見工業高等学校ラグビー部の山口良治総監督である。ラグビー部の指導を通じて生徒に自信と誇りを取り戻させ、校内暴力や問題行動で荒れていた学校を建て直したという実績があり、この経緯はメディアなどにも多く取りあげられた。

そのやり方は、誰よりも朝早く登校し、学校周辺の清掃、校門の立ち番、声かけ指導をするというもので、これにより教師と生徒のダイレクトなコミュニケーションが可能になったという。そこには、個人に見合った目標設定、社会人としてのマナーの醸成、指導者と選手の喜怒哀楽の共有、「褒める」ということ、思いやり、選手の達成感といったリーダーに必要なキーワードが見出せる。

2人目は、元PL学園高等学校野球部中村順司監督である。野球の技術の前に「感謝の心」を持って「清掃活動」をすることや「礼儀作法」をしっかりすることなど、人間育成に力を入れた中村監督は、甲子園での春夏連覇を達成し、また優秀なプロ野球選手を育てている。その指導方針は「球道即人道」という言葉で表現され、野球の練習や試合の中に人生の縮図があると説いている。

3人目は、元長崎県立国見高等学校サッカー部小嶺忠敏総監督である。選手個々の才能を引き出すことを意識した小嶺総監督は、指導の基本に「人間教育」を掲げて、選手に「挨拶・返事・後始末」を徹底指導した。そして、選手の持ち味を最大限に生かした「小嶺流サッカー哲学」を確立し、地方の公立高校というハンディを持ちながら、高校選手権で6度、高校総体で6度、国体で3度の全国優勝を達成した。

このように、いずれの指導者にも共通して見られることは、確固たる信念、生徒側に立った視点、社会性を持たせた運営など、今後のスポーツ指導者に必要とされる卓越したマネジメント能力である。ただ、これらは指導者の試行錯誤の経験の上に築かれた独自の指導方法であるとも言え、広く活用するためには、指導方法の体系化やシステム化をはかり、共有可能なものにする必要がある。これらの貴重な指導方法を、他の教師や学校にも適応可能な「指導技術」として一般化され活用されることが望まれる。

目標設定（ゴールセッティング）

教育活動において素晴らしい成果をあげた事例として、ここでは、自らの指導方法を体系化し、「成功の技術」として実践する原田隆史[7]の方法を取りあげ、目標設定と達成について概観する。

具体的には、生徒の内面の指導である「心と生活の指導」、将来的な進路へ向けての「目標設定の方法」、最後に自己実現へと導く「目標設定用紙の記入」について考える。

まず、「心と生活の指導」である。学校生活における生徒指導や進路指導全般に学校関係者は努力しているが、多種多様な生徒を同一の方法で指導することは難しい。というのも、生徒・保護者の権利意識の高まりとともに、生徒に規範意識が欠ける傾向にあるからである。そこで、原田は生徒の「生活の質」の向上を学校と家庭の共通課題として設定した。そして誰もが毎日継続できる「掃除」「お手伝い」などの奉仕活動を努力目標として、その徹底指導をすることにより「心のすさみ」を除去する方法を提唱した。この方法は一定の効果をあげている。

次の「目標設定の方法」とは、現在の偏差値や模擬テストの結果による「輪切り指導」や志望校の「振分け指導」のような生徒不在の進路指導、あるいは生徒自身が安易に入れる大学を選ぼうとする「易きに流れる」傾向への対処方法である。原田は、生徒の目標レベルを3段階に設定し、最初に最高の目標（夢のような目標）、次に最低限の目標（確実に達成できる目標）を設定し、次に中間の目標を設定するという方法を使った。これらの目標には具体的な達成数値や期日が設定されている。この方法は、教師主導という従来型の指導ではなく、生徒が主体的に目標設定をするという点に特徴がある。

そして、最終的には、原田の考案による「目標設定用紙」に記入され、目標に向けての行動が開始されるのである。図4は実際に中学陸上部の生徒が全国大会優勝に向けて記入した目標設定用紙の例である。そこには競技の成績目標から経過目標、そして日々のルーティン目標までもが具体的に記入されている。中学校の3年間で、生徒が主体的にこれだけ

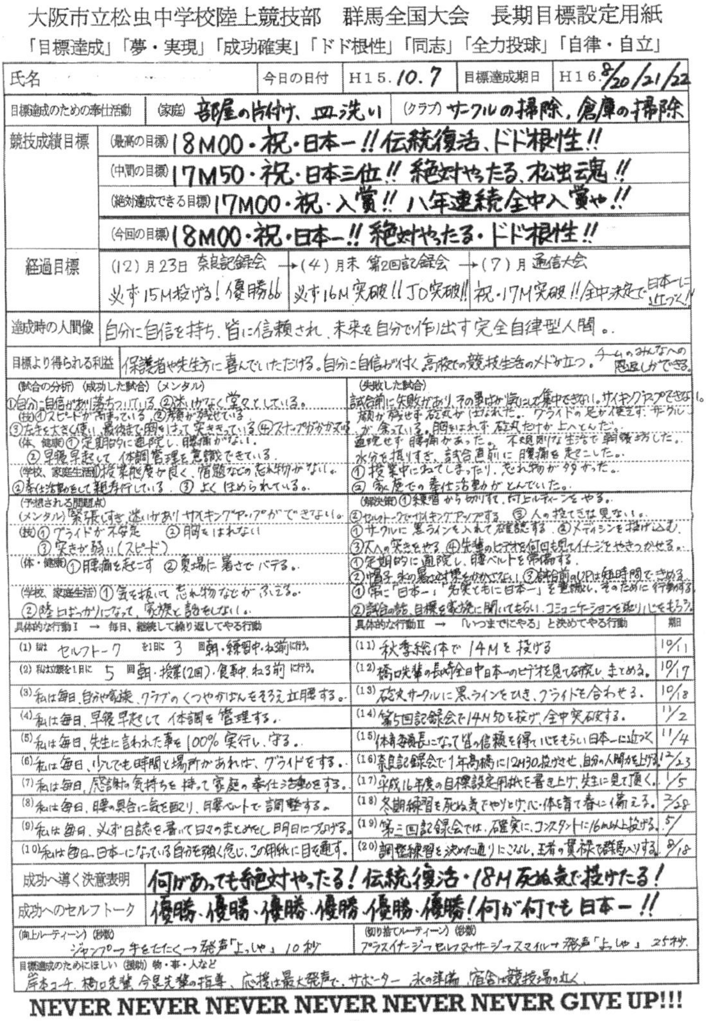

大阪市立松虫中学校陸上競技部　群馬全国大会　長期目標設定用紙
「目標達成」「夢・実現」「成功確実」「ドド根性」「同志」「全力投球」「自律・自立」

氏名		今日の日付	H15. 10. 7	目標達成期日	H16. 8/20/21/22

目標達成のための奉仕活動　(家庭) 部屋の片付け、皿洗い　(クラブ) サークルの掃除、倉庫の掃除

競技成績目標
(最高の目標) 18M00・祝・日本一!! 伝統復活、ドド根性!!
(中間の目標) 17M50・祝・日本三位!! 絶対やったる、松虫魂!!
(絶対達成できる目標) 17M00・祝・入賞!! 八年連続全中入賞や!!
(今回の目標) 18M00・祝・日本一!! 絶対やったる・ドド根性!!

経過目標
(12) 月23日 奈良記録会 必ず15M投げる! 優勝66 → (4) 月末 第2回記録会 必ず16M突破!! JO突破!! → (7) 月 通信大会 祝・17M突破!! 全中決定で日本一に近づく!!

達成時の人間像　自分に自信を持ち、皆に信頼され、未来を自分で作り出す完全自律型人間。。

目標より得られる利益　保護者や先生方に喜んでいただける。自分に自信が付く。高校での競技生活のメドが立つ。チームのみんなへの恩返しができる。

(試合の分析) (成功した試合) (メンタル)
①自分に自信があり落ちついている。②迷いがなく堂々としている。
(技) ①スピードが高まっている。②顔が残せている。
③左手を大きく使い、最後まで胸をはって突ききっている。④スナップがかかっている。
(体、健康) ①定期的に通院し、腰痛がない。
②早寝早起して体調管理を意識できている。
(学校、家庭生活) ①授業態度が良く、宿題などの忘れ物がない。
②奉仕活動をして親孝行している。③よくほめられている。

(失敗した試合)
試合前に失敗があり、その事ばかり気にして集中できない。サイキングアップできない。
顔が残せず砲丸がはなれた。グライドの足が使えず、サークルが余っている。胸をはれず砲丸だけが上へとんだ。
通院せず腰痛があった。不規則な生活で朝寝坊した。
水分を摂りすぎ、試合直前に腹痛を起こした。
①授業中にねてしまったり、忘れ物が多かった。
②家庭での奉仕活動がとんでいた。

(予想される問題点)
(メンタル) 緊張しすぎ、迷いがありサイキングアップができない。
(技) ①グライドが不安定　②胸をはれない
③突きが弱い(スピード)
(体・健康) ①腰痛を起こす　②夏場に暑さでバテる。
(学校、家庭生活) ①気を抜いて忘れ物などがふえる。
②陸上ばっかりになって、家族と話をしない。

(解決策) ①練習から切りすて、向上ルーティーンをやる。
②セルフトークでサイキングアップする。③人の投てきは見ない。
①サークルに黒ラインを入れて確認する。②メディシンを投げ込む。
③大人の突きをやる。④先輩のビデオを何回も見てイメージをやきつかせる。
①定期的に通院し、腰ベルトを常備する。
②帽子、水の暑さ対策をかかさない。③試合前のUPは短時間できめる。
①常に「日本一」「名実ともに日本一」を意識し、そのために行動する。
②試合の話、目標を家族に聞いてもらい、コミュニケーションを取り心をもらう。

具体的な行動Ⅰ → 毎日、継続して繰り返してやる行動	具体的な行動Ⅱ → 「いつまでにやる」と決めてやる行動	期日
(1) 私は セルフトーク を1日に 3 回 朝・練習中・ねる前に行う。	(11) 秋季総体で14Mを投げる	10/11
(2) 私は立腰を1日に 5 回 朝・授業(2回)・食事中・ねる前 に行う。	(12) 橋口先輩の長崎全日中日本一のビデオを見て研究し、まとめる。	10/17
(3) 私は毎日、自分や家族、クラブのくつやかばんをそろえ立腰する。	(13) 砲丸サークルに黒ラインをひき、グライドを合わせる。	10/18
(4) 私は毎日、早寝早起して体調を管理する。	(14) 第5回記録会で14M50を投げ、全中突破する。	11/2
(5) 私は毎日、先生に言われた事を100%実行し、守る。	(15) 体育委員長になって皆の信頼を得て心をもらい日本一に近づく	11/4
(6) 私は毎日、少しでも時間と場所があれば、グライドをする。	(16) 奈良記録会で1年高橋に12M30投げさせ、自分の人間力を上げる	12/23
(7) 私は毎日、感謝の気持ちを持って家庭の奉仕活動をする。	(17) 平成16年度の目標設定用紙を書き上げ、先生に見て頂く。	1/5
(8) 私は毎日、腰の具合に気を配り、腰ベルトで調整する。	(18) 冬期練習を死ぬ気でやりとげ、心・体を育て春に備える。	2/28
(9) 私は毎日、必ず日誌を書いて日々のまとめをし明日につなげる。	(19) 第三回記録会では、確実に、コンスタントに16m以上投げる。	5/
(10) 私は毎日、日本一になっている自分を強く感じ、この用紙に目を通す。	(20) 調整練習を決めた通りにこなし、王者の貫禄で群馬入りする。	8/18

成功へ導く決意表明　何があっても絶対やったる！伝統復活・18M死ぬ気で投げたる！

成功へのセルフトーク　優勝、優勝、優勝、優勝、優勝、優勝！何が何でも日本一!!

(向上ルーティーン) (秒数) ジャンプ → 手をたたく → 発声「よっしゃ」 10秒
(切り捨てルーティーン) (秒数) プラスイメージ → セルフマッサージ → スマイル → 発声「よっしゃ」 25秒

目標達成のためにほしい (援助) 物・事・人など
岸本コーチ、橋口先輩、今泉先輩の指導、応援は最大発声で、サポーター、氷の準備、宿舎は競技場の近く。

NEVER NEVER NEVER NEVER NEVER NEVER GIVE UP!!!

-②-

図４　長期目標設定用紙

の高い目標を設定できるようになり、その数値目標を達成できるということは、このプログラムの優位性を証明するものと考えられる。

第5節　ライフスキル教育でスポーツマンシップを育む

トップアスリートによるライフスキル教育

近年、日本の青少年を取り巻く社会環境は大きく変化している。充実した学校生活を送る子どもがいる一方で、非行・不登校・ひきこもり・中途退学など、教育現場には課題が山積し、様々な対応策が展開されてはいるものの特効薬がない状況にある。

これらの課題を解決する1つの手法として、スポーツによる体験、しかも、トップアスリートが（ゲストとしてスポット的に参加するのではなく）ほぼ日常的に青少年に関わり、その体験を全人的に伝達する場を設定して、青少年自身がスポーツの意味や人生のあり方を考えるきっかけを作っている例をとりあげる。

高知中央高校とラグビー

高知中央高校は、現在、スポーツを通じた教育再生・学校経営に取り組んでいる。1963年に創立され、「知・徳・技兼備の有為有能な社会人・職業人の育成を目指し、精神教育・情操教育を重んじ、豊かな人間性を養うことを期する」という教育方針の下、「自分の知らない能力を発見し、無限の可能性に挑戦しよう」、「物事の善悪・思いやり・感謝のこころを身につけよう」、「自分の将来の夢が実現できるよう努力しよう」という実践目標を掲げている学校である。

しかし、この学校でも、様々な理由によって運動部を退部し、順風満帆ではない高校生活を過ごす子どもたちが少なからずいた。そこで、そうしたある意味挫折した青少年のライフスキルを磨く場として、ラグビー部が創設されることになったのである。

ラグビーは、他の競技がまったく駄目という人もできる類い稀なスポーツである。この球技は、イギリスにおける当時の全寮制の学校で、30人のクラスを紅白に分けて試合をすることから発達したもので、フォワードからバックスまで、体格や運動神経などそれぞれ個性の違うどのクラスメイトにもそれぞれに合ったポジションが用意されているスポーツである。言い換えれば、誰もが排除されずに全体のどこかに必ず持ち場があり、必要とされてのである。つまり、人間が生きていく上において、望ましい社会構成を考えるモデルともなるスポーツと言えるのである。

そして、ラグビーの精神を端的に表す言葉として、「ワンフォアオール・オールフォアワン（一人は皆のために、皆は一人のために）」や「ノーサイド（ひとたび試合が終われば敵味方はない）」などがあるが、これらは勝ち負けだけにこだわらない人と人との協調性やコミュニケーション力などの重要さを教えるものである。

学校改革の１つとしてのラグビー採用は、こうした生き方を学ぶ環境を整備する試みであった。

GMとしてのトップアスリート採用

スポーツの教育的効果への期待という点では、高知中央高校にかぎらずこれまでも多くの学校で試行錯誤されてきたし、現在もされていることである。しかし、高知中央高校の制度設計で興味深い点は、トップアスリート（大八木淳史）をGM（General Manager）として採用したことにある。

トップアスリートは、数多くの失敗と成功の経験を何度も繰り返しながら適応していくスポーツの場において、周囲の環境の変化や自身の内面的な乱れがあったとしても、パフォーマンス面で着実に実績をあげてきた人間である。葛藤や困難を克服してきたトップアスリートにこそ、トップアスリートにしか持ち得ない教育力がある。トップアスリートの教育力とは、卓越した技術と共に、その形成を下支えした真摯さや、不屈の精神、意志の力にある。そうした人格に直接ふれることは、青少年の育成に非常に大きな効果があると思われる。

トップアスリートにも、自分の成長をもたらした努力が成功をもたらし、そこから満足が生まれてさらに努力するという好循環が生じた結果、高く評価される実績を残したという経験を次世代の青少年に伝えたい、という思いがある。しかし、これまではトップアスリートと青少年が日常的に接することができる場はほとんどなかった。高知中央高校によるトップアスリートのラグビー部GMとしての採用は、この点に変化をもたらす新しい試みと考えられる。

GMは、単なるチーム運営の統括役ではなく、新しい枠組みでのポジションである。学校の教職員が担う単なる監督や、あるいは部活の一部門のみを強化するためだけの有給監督のような位置づけではなく、部の生徒への直接的な関わりを中心に、地域全体へのラグビー普及や、スポーツを通じた社会貢献などをおこなうことが職務とされている。

そこには、選手育成と組織づくり、行政や地域社会との連携、メディアへの対応など幅広いマネジメント力が求められる。また、ライフスキル教育の観点から考えれば、この制度設計には、スポーツによる青少年育成や、スポーツによる地域活性化などといった、一般的に評価されるスポーツの効果が真に問われると共に期待されることとなるのである。

子どもたちと向きあう ── 思いと現実とのギャップ

ここでは、この取り組みの理想と現実の難しさを実際の経緯より分析し、そこから得られた成果や課題について考える。

2007年3月、ラグビー部創部時の部員はわずか7人であった。GMは生徒たちに次のような言葉を述べた。「お前達は第1期生だからすぐには結果を出すことができないかもしれない。でも、何年か後に全国大会に行けるようになったとする。その全国大会出場はお前達が始めなかったらあり得ない。このチームの明日の姿は、お前達次第だ。お前達がこのチームを強くしていくんだ。それを考えると、こんなうれしいことはないと思わないか」。部員は、この時は涙目になって感激して聞いていた。

ところが次の日、その感激したはずの部員が何も言わずに練習を休むのである。昨日の涙は何だったんだと裏切られたような気持ち、自分が思っているほど部員は思ってくれていないのか、それとも連絡が取れなかっただけなのか、これまで個人が感じたことや味わったことを単に押しつけているだけだったために思いが通じないのか、などGMとして悶々と悩むことになった。ここで明らかになったのは、目標を決めたら、毎日への練習参加や猛練習もいとわないものだという指導者の思いと、実際の生徒の思いとの温度差である。「お前達に出会ったことがうれしい。俺のラグビーの経歴を全部お前達に与える。俺を信じてラグビーをやれば全国大会に行かせてやる」とのトップアスリートの熱い語りは、逆に、生徒達に努力をしなくても勝つことができるという錯覚を与えてしまったのである。勝利のための充分な準備、継続することの困難さ、そして準備と努力に基づいて結果がある、というプロセスが伝達されていなかったのである。勝つためにはそれまでのプロセスが大事であり、いきなり成功することはできない（たまたまの幸運から勝つことはあるかもしれないが）。そして、勝つためにはまず何よりも、自分が所属する組織やチームを好きになれなければならない。

前述した理念で創設されたラグビー部は、別の運動部で挫折した子どもたちの受け皿でもあった。したがって、もともとラグビーが好きという者がほとんどいない状況であり、創部後の２カ月間は練習試合でも結果を出せず、このことは部員のモチベーションをさらに下げ、プレーにおいても同じミスを繰り返す日々が続いたという。

目標設定やその実践の基盤となるチームビルディングの重要性を、生徒達が認識することが、課題として浮き彫りになるスタートとなった。

子どもたちの変化

創部から３カ月足らずのラグビー部は、2007年５月、高知県高等学校総合体育大会の１回戦で引き分けによる抽選勝ちをする。そして、決勝戦まで進み準優勝となる。しかし、このことがまた悪循環を招いた。その後の地区大会の四国大会に向けての練習に、部員全員が参加することはほとんどなく、苦しい練習をしなくても結果が手に入るとの錯覚が、生徒たちを安易な方へ向け、その状態を改善できないまま大会を迎え、その結果惨敗するのである。

この苦い経験を生かし、大会後の夏合宿では、他チームとの合同練習や練習ゲームを多用する方法を採用し、また、一日の最後にその日の感想を述べあう機会を設けた。この日頃と違った時間の共有や互いの語り合いは、部員同士の絆を深め、それを通じて、課題であった組織だった攻撃と守備が、徐々にではあるができるようになった。ひと夏を越えて、たくましさと連帯感のあるチームに生まれ変わる兆しが見え始めた。つまり、チームとしての組織力が向上したのである。

ライフスキル教育の視点から言えば、多くの仲間や指導者と触れあうというこの夏合宿の取り組みは、「個人の時間を優先させて約束を守らないというようなことでは人と向きあうことができない、ましてや相手のことを思いやって行動するという意識レベルにまでは至らない」といった、ラグビーのスキル向上以前の、人としてのルールを守る意識を部員に喚起させたと思われる。そして、他人に自分自身を合わせることや、モチベーションの必要性を個人が考えるようになり、少しずつラグビーを好きになるといった変化が生徒に見られるようになった。他者と関わり合いながら前向きな態度で問題に対処する力（エンパシー）が身についてきたのである。エンパシーとは、他人の心の動きや行動の仕方を敏感に感じ取り、自分の中に取り入れて理解することと、自分の気持ちや願いや意志を明確に表現して、相手に効果的に取り入れてもらうように努めるということである。

このエンパシーは、WHOが定義するライフスキルを構成する10の要素の1つとして位置づけられているが、ラグビーではノーサイドの精神に言い換えることができる。ノーサイドという言葉には、試合が終われば敵味方や勝敗を超えて1つの仲間になるという意味があり、お互いがすべてを受け入れあうという対人関係における規範が根底に存在している。

これら2つの言葉に共通する点は、人と人とのつながりということであり、この重要性が指摘される現在、スポーツを通じてこれらの力を育てることは、今後の社会とそれを担う子どもたちにとってますます必要なこととなると思われるのである。

取り組みの広がり

高知中央高校の取り組みは、地域からも注目され、高知県内の市町村教育委員会等が主催する「スポーツ選手ふれあい指導事業（文部科学省所管）」へと発展した。その事業は、各地の小学校における楕円球のラグビーボールを通して、人への思いやりの大切さや人間力・コミュニケーション力を身につけることを学ぶ、という2007年9月からの体験授業（ボールゲーム、タグラグビーほか）となる。

ここでの指導方法は、子どもたちの自発的な気づきをうながすことであり、そのためには、「教えすぎない。自分で考え学ぶ力をつけさせる」、「身体活動による達成感を醸成させる」、「他者と同じ時間を共有する喜びを感じさせる」といったことをポイントとした。表1は子どもたちの感想であるが、小学生も高学年になると、数時間程度の短い体験授業の中でも、自己の身体・脳・心のバランスの取れた管理や、他者とのコミュニケーションの重要性に気づくことは可能であることがそこからはっきりうかがえる。つまり、スポーツは、「感動・感謝・教育力」といった情的価値を自然体で体験できる文化であることが再確認される授業であった。

この小学校での取り組みは、高い評価を受け、さらに中学校の課外授業へと展開することとなる。2008年4月、中高一貫教育で一人ひとりの個性をより伸ばそうとしている高知県立高知南中学校の野球部で、丸いボールとは扱い方の違う楕円球を使っての指導がおこなわれた。これは、大人になる大切な準備期間である思春期におけるコミュニケーション力を高め、社会性を身につけることの重要さへの気づきをスポーツを通して与える取り組みである。

この活動はまだ始まったばかりであるが、中学校の現場でも、小学校

表１　体験した子どもたちの声

① スポーツには日々の生活で必要な「準備」・「呼びあう」・「相手の気持ちになる」という３つの教えがあった。
② 相手を思いやり、自分の気持ちを伝えないと、パスはうまくつながらない。
③「言葉で伝える」・「準備をする」・「相手を思いやる（やさしくパスをする）」ことの大切さ・チームワークの大切さがわかった。
④「相手のことを考える」という言葉が身にしみた。これからは、友達や家族の中で、困っていることがあったら、相談に乗ってあげたいと思った。
⑤ 一人ひとりが少しずつでも一つにまとまろうとしていた。みんなの笑顔が本当に楽しく他のクラスの人と遊ぶよい機会になった。

での体験授業で得られた結果と同様に、「準備すること」、「声をかけること」、「相手を思いやること」の大切さを体感する手法として有効であることが部員の感想からはうかがわれる。また、野球部員の一人は、「みんがバラバラだとボールをつないでも前に進めない。どんなスポーツでもチームワークは大事だとわかった」と納得の表情を見せた。今回の楕円球を使った指導の試みは、種目を超えて、一人ひとりの意識を高めチーム力を向上させる有効な手段であると思われる。

このような取り組みは、部活動の中だけにとどまらず、今後は体育などの正規の授業へ、あるいは学校行事の一環としての枠組みの中に広げられ、不登校・非行・いじめなどの諸問題を解決するための社会性を身につける１つのプログラムとしての発展の可能性を示唆するものと考えられる。

「つながり」の重要さ

以上の現場での実践活動は、2008 年 4 月に香川大学における学生のライフスキルの向上を支援していく機会設定へとつながる。このことは、スポーツの持つ教育力が小・中学校や高等学校だけでなく、大学からも注目された証とも言えるだろう。「楕円球は人生そのものであり、どんなところに転がっても見捨ててはいけない」、「スポーツをやる上で大切なことは、道具や仲間だけではない。監督やコーチ、そのスポーツをやらせてくれている家族も大事。１つのことをやり続けるには、大切なものがたくさんあるということを気に留めておいてほしい」という指導現場での語らいが確実に新しいつながりを生んでいる。子どもから大人まで、スポーツを通して人と関わりながら、前向きな姿勢で問題に対処する力をつけることができるようなきっかけづくりの場を、これからも創出する必要がある。

子どもが小さな時から、家庭の中や、親の管理下だけではない社会の場で、いろいろな人との関わりを経験することは「人は一人では生きていけない」ということを実感することにつながり、このことが、ひいては、今失われつつある地域コミュニティの維持にも貢献していくと考えられる。

人と関わることは、一方で気持ちが通じぬ寂しさや裏切られた気持ちを生むこともあるが、それらすべてをひっくるめて自分自身がどのように受け止めるかが重要なのである。誰かと関わることが生きることなのである。そのためにも、スポーツの有する多面的機能を実践できる場の創出を、トップアスリートによるスポーツクラブという形で実現させることも今後の課題となろう。

注

1) この場合の第三者は文部科学大臣に「認証」された機関による。例えば、「財団法人大学基準協会」「独立行政法人大学評価・学位授与機構」「財団法人日本高等教育評価機構」。
2) 学校法人の格付けをおこなっているのは、格付投資情報センター（R & I）、スタンダード・アンド・プアーズ（S & P）、日本格付研究所（JCR）などの機関である。
3) 文部科学省（2007）によれば、現代の子どもは親の世代に比べて体格（身長・体重・座高）では優れているものの、体力・運動能力（握力・50m 走・持久走・ボール投げ）は劣っている。また、中学校の不登校生との比率は、ここ 10 年で倍増している。
4)「大陸ヨーロッパ諸国においては、一般に宗教が「心の教育」を担ってきたと言われているが、日本では、先進諸国中で唯一、「学校で心の教育をおこなう」という政策が実施されている。」岡本（2006）120 頁。
5)「賢明で信頼のおける相談相手」という意味を持ち、指導対象者を継続的に励まし自立を援助する指導者。佐治守夫ほか（2007）117 頁。

6)「グループ内で安全な雰囲気を作り、自己探求や相互理解の進展を促進する役割を担うリーダー」という意味を持つ。倉光修ほか（2007）305 頁。

7) 原田隆史（原田総合教育研究所代表）は、中学校教諭時代の部活動指導の方法を活かし、独自の目標達成プログラムを開発し、企業研修、教師教育、生徒指導に応用している。

文　献

大滝精一、金井一賴、山田英夫、岩田智『経営戦略（新版）』有斐閣、2006 年。

大八木淳史『トップアスリートによるスポーツクラブの構築 ──「青少年育成」を視座に』（同志社大学大学院総合政策科学研究科修士論文）2007 年。

岡本薫『日本を滅ぼす教育論議』講談社、2006 年。

『キャリアガイダンス』16 号、2007 年、リクルート。

『キャリアガイダンス』18 号、2007 年、リクルート。

『キャリアガイダンス』20 号、2008 年、リクルート。

キャリアガイダンス編集部『2007 年　高校の進路指導に関する調査』リクルート、2006 年。

京都市立伏見工業高等学校『学校案内』2007 年。

倉光修、桑原知子『カウンセリング・ガイドブック』岩波書店、2007 年。

厚生労働省・文部科学省『高卒者の職業生活の移行に関する研究』最終報告、2002 年。

小嶺忠敏『国見発　サッカーで「人」を育てる』NHK 出版、2004 年。

佐治守夫・岡村達也・保阪亨（2007）『カウンセリングを学ぶ ── 理論・体験・実習』東京大学出版会、2007 年。

嶋口充輝「企業の社会的責任とその関わり方 ── マーケティング・コンテクストからの考察」『組織科学』、Vol.26、No.1、1992 年。

全国高等学校体育連盟『競技者及び指導者規程』2002 年。

内閣府『平成 19 年度　青少年白書　青少年の現状と施策』2008 年。

浜島書店編集部編『最新図説現社』浜島書店、2008 年。

原田隆史『成功の教科書　熱血！原田塾のすべて』小学館、2005 年。

平野圭子『やりたいをやるに変えるコーチング』学習研究社、2003 年。

広井甫「進路指導の教育的意義」藤本喜八ほか編『進路指導の基礎知識』福村出版、1985 年。

藤田晃之『キャリア開発教育制度研究序説』教育開発研究所、1997 年。

A.マズロー（金井壽宏監訳）『完全なる経営』日本経済新聞社、2001 年。

文部科学省「平成 18 年度　学校保健統計調査報告書」2007 年。

山崎保寿編『キャリア教育が高校を変える ── その効果的な導入に向けて』2006 年。

山本佳司『野洲スタイル』角川マガジンズ、2006 年。

第3章　企業とライフスキル教育

第1節　CSRと企業の理想像

頻発する企業不祥事

近年、例えば、商品やサービスの偽装、労働者の人権無視、戦略性を装った無計画な人員整理、環境破壊など企業の非倫理的な行動が頻繁に起こり、大きな問題となっている。そうした状況に対応して、企業が社会的信頼を取り戻す、あるいは社会的信頼を失わないよう努力する動きが活発になってきた。

企業不祥事が相次いだ背景としては、バブル崩壊以後、日本経済が長期低迷したことと、グローバリゼーション[1)]が急速に進展したことをあげることができる。そのために、多くの企業は経営効率の追求を迫られ、戦後日本の高度経済成長を支えた、家族主義的経営、年功序列システムといった日本型経営はその基盤を揺るがされた。そうした中、経営的実績をあげるための合理的な事業整理がおこなわれたり、個人の実績を重視する成果主義が評価手法として多くの企業で採用された。

しかし、人間関係の基礎となる社員同士の信頼や敬意、あるいはお客さんに対する責任といった、情的・主観的な価値は、成果としては評価されにくい。企業が情的価値を評価対象として軽視するのであれば、そこで働く人がその価値を維持し続けるのは難しい。そして、情的価値の軽視が常態化することで、人間性不在のマネジメントを招き、その結果、経営者や従業員の非倫理的行動を誘発することは想像に難くない。

企業とは、本来、国家というメインシステムを補完する社会のサブシステムである。つまり、社会における多様なステークホルダーの要求に対し、優先順位をつけながら適切な経営資源の配分をおこなうという経済的機能を担っている。

ステークホルダーとは、経済的、社会的、政治的、文化的な領域において企業の行為に関わり、何らかの利害を持つと認められる関係者のことである（例えば株主や顧客、従業員、近隣住民など）。この多様なステークホルダーの要求にバランス良く応答するためには、経営効率や株主価値のみに力点を置くのではなく、社会との関わり方に重きを置くことが必要である。

CSRとその必要性

最近までは、利潤追求を旨とする伝統的な企業の経営戦略論において、企業と社会との関係が直接議論されることはなかった。しかし、近年、社会に対して積極的な関わりを持っていくことは、企業にとって長期的には好ましい結果をもたらすという認識が広まりつつある。すなわち、企業が発展していく戦略の１つとして、社会における存在感を明確に示していくことが重視されるようになってきた。CSRは、こうした企業の事業戦略の核となる概念として登場したのである。

CSRとは、元来、「企業が持続的に発展していくために求められる、環境と地域社会に配慮する責任」と定義される。そのため、経営側には、経営行動の前提としてのトリプルボトムライン（経済的側面、環境的側面、社会的側面）にバランス良く配慮することが求められている。また、それに加えて、図１に示したように、企業価値を向上させるのは従業員であり、そのためにも高いモチベーションとスキルを持つ従業員価値の向上にも配慮する必要があると考えられている。その理由は、顧客などの多様なステークホルダーと実際に接するのは従業員であり、その意味で

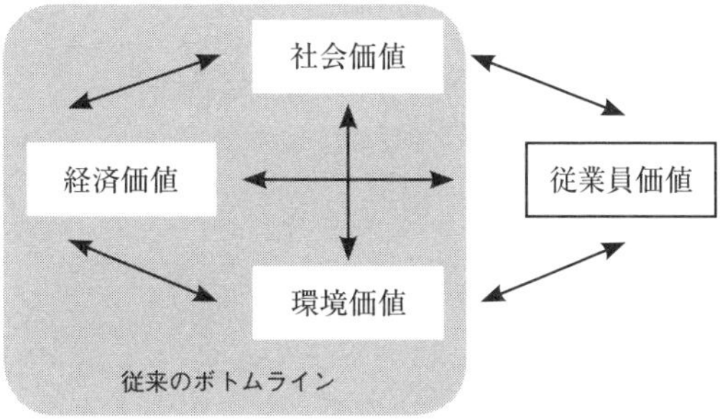

出典：大滝精一ほか（2006）、303 頁を筆者改変。

図 1　戦略的 CSR 経営のダイヤモンドモデル

は従業員が社会からの評価に影響を与えることになるからである。このように、従来のボトムラインに従業員価値を加えたダイヤモンドモデルを意識しながらステークホルダーのニーズを把握し、それにバランス良く応えることこそが、真の CSR と言えるのである。

ただ、多くの企業にこうした意味での CSR が浸透しているとは言いがたい。その理由は、CSR における「社会に配慮（＝社会的側面）」という概念がいまだ抽象的であり、そのために多くの企業は、コンプライアンス（法令遵守）が社会に配慮することと見なしているからである。つまり、大半の企業が CSR にコンプライアンスの側面しか見ていない。従業員自身も、CSR に関わる数々の活動が、企業が社会からの要請に対する企業側の消極的な対応と感じている。こうしたことが、CSR が誰のため、何のためになっているのかをわからなくさせていると思われる。

まずは、企業もそこで働く人も、「Responsibility の Response とは反応することであり、まず社会からの期待や批判に対する感応性が問われる（Social Responsiveness）」（谷本、2006）ことを認識する必要がある。そのようにしてはじめて、その原義に気づき、社会と対話をしていくための基礎ができるのである。

企業の理想像

企業が社会と対話をする能力は、企業の発展に大きく影響すると言っても過言ではない。

その理由の1つは、情報技術が発達したことである。例えば、インターネットの普及は、企業と顧客の情報共有をうながし、商品開発や販売に顧客が参加できる「主客融合市場」(田坂、2006) を創出した。そこでは、企業は顧客との間で価値観や情報をやりとりする機能 (いわゆるコミュニケーション力) が必要とされる。また、このやりとりする力は、単に形のある商品に対する評価を意見として聞くことだけで成り立っているのではない。商品開発や販売に顧客が興味や好感を持ってくれるためには、企業自体への信頼や共感といった評価が、その顧客の中になければならない。企業が、社会と積極的に関わることが企業に必要とされるのは、そのためである。

図2は、そのような信頼や共感を得るための具体的方法を示したものである。企業の社会的責任の領域は3つに分類される。図の中心に存在するのが、基本責任である。それはすなわち、社会が必要としているものを提供し、その対価を受け取って利益をあげていくことである。その外側にあるのが、納税や法令遵守という義務責任である。通常、責任という言葉から連想されるのはここまでであるが、さらにその外側に存在するのが、社会支援や文化支援などの支援責任と呼ばれるものである。

このように、これからの企業の理想像とは、自らの事業を通じて社会における責任を果たしつつ、なおかつ社会に対して積極的に関わり、支援をしていく姿勢を持つ企業であると言えるだろう。つまり、経済的戦略と社会的戦略が表裏一体となっている「戦略的社会性[2)]」を備えた企業を目指すことである。企業は、CSRを社会から押しつけられた課題としてではなく、企業戦略の一環として捉える必要があるのである。

実はこうした理想像は、「本業を通じて社会に貢献する」という日本企業の伝統とも言える姿であった。「利益の一部を社会貢献事業に使うこと」だけが社会貢献のあり方ではないのである。この原点に立ち返り、

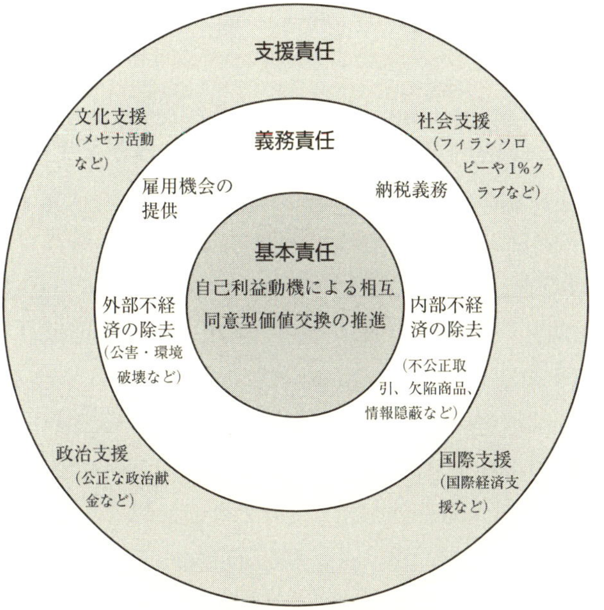

企業の社会的責任の領域について、より基本的な責任から高次な責任へと同心円で示されている。
出典：嶋口充輝（1992）

図２　企業の社会的責任の領域

正しいこと・良いことをなしていく、というのが理想の企業のありかたとなろう。

スポーツと CSR

今後の企業戦略においては、ステークホルダーの重複性に考慮しつつ、単なる法令遵守を越えたCSRの実現が急務である。それには、スポーツの活用も１つの方策となろう。

スポーツは、身体を動かすという人間の根源的な欲求を満たすものであると同時に、見る者を熱狂させる力をも持っている。そのスポーツの精神を表現する言葉としてスポーツマンシップがあるが、それは人があるべき姿の１つの理想でもある。企業がスポーツを支援してきた理由の１つは、スポーツを企業スポーツという形で経営に埋め込むことで、自社の文化的価値、求心力、ブランド力を高めることができると考えてきたからである。

この企業スポーツを、企業と地域社会を繋ぐ接点として位置づけることは、地域の人たちや企業の人たち同士の間で交流が生まれるような仕組みを作るための現実的かつ有効な方策と言えるだろう。

例えば、サントリーは、それまで個別に活動していたバレーボール、ラグビーなどのチーム運営やゴルフ事業のマネジメントなどで蓄積したノウハウを統合し、地域でレベルの高いスポーツ教育を提供している。また、子ども向けの体験型プログラムでは、スポーツ・音楽・美術・環境の4つの分野のトップレベルの人たちと子どもたちが触れあう機会を提供している[3)]。

このように、企業スポーツという固有の資産を活用し、地域住民の交流の場を創出することは、ソーシャルキャピタルの形成に寄与することに他ならない。これは、企業自身の存在価値を高めるだけではなく、それに携わる社員自身のコミュニケーション力を高めることにもなるのである。そして、社会の声を聞くことのできる社員を沢山抱えた企業は、多様なステークホルダーのニーズに対する応答可能性（responsibility）を有する企業として社会から認知されるであろう。そうしてはじめてその企業は、持続可能な発展をしていくことができるのである。

ただし、CSRが広まれば社会が豊かになるといった主張には留保が必要である。それは、一部の企業やメディアが社会貢献活動やCSR広報活動をそのまま広告やブランド戦略の1つとして扱っているからである。いわゆる、企業イメージを良くしようとするスタイルが前面に出るだけでは、より良い社会づくりに結びついていかない。

今後の課題は、企業スポーツを活用した社会貢献システムの構築を、具体的にどのようなプログラムで進めていくかにある。

第2節　求められる人材像

ポスト近代型能力

かつての日本企業は、入社後の社内教育で新入社員をじっくりと一から育てあげてきた。そして、そのためには、一定の学力を保証するための指標が必要であり、その結果として学歴（厳密な意味では出身校）が重視されてきたのである。しかし、グローバリズムの影響下、競争環境が大きく変化し、企業の求める人材像も大きく変貌してきたのである。

日本では、これまで人づくりのための教育施策については、文部科学省を中心としてなされてきた。しかし最近では、厚生労働省による「平成16年度企業が求める人材の能力等に関する調査」、経済産業省による「社会人基礎力に関する研究会――中間とりまとめ」（2006年1月20日）や、「進路選択に関する振り返り調査――大学生を対象として」（2006年1月）が出されるなど、様々な官庁が人づくりに関わってきている。それに加え、内閣府による教育再生会議も開催されている。これらに共通するキーワードは、人間力や基礎力であり、人づくりは企業のみならず国におけるソーシャルキャピタルづくり[4)]の最も重要な柱の1つとなっているのである。

これまでの日本では、学歴といった目に見える評価を重視する社会を形成し、人に対し学力を基本とした能力の高低によってその社会的評価を与えてきた。これに対して本田（2005）は、ますます複雑になる国際関係やグローバル化する社会環境をたくましく生き抜くためには、単なる学力だけでは不十分であり、これからの社会に求められる能力は、表1に示したような「ポスト近代型能力」であると主張する。ポスト近代型能力とは、個人の成長過程において、日常的な環境から獲得される総合的人間力である。これに対し、近代型能力というのは、標準化された知識の習得や基礎学力であり、試験などで計測可能な能力である。ポスト近代型能力は、それだけにはとどまらず新たな価値を創出し何かを生み

表1　近代型能力とポスト近代型能力の分類

近代型能力	ポスト近代型能力
【基礎学力】	【生きる力】
標準性	多様性・新奇性
知識量・知的操作の速度	意欲、創造性
共通尺度で比較可能	個別性・個性
順応性	能動性
協調性、同質性	ネットワーク形成力、交渉力

出典：本田由紀（2005）、22頁。

出していく能力である。それは、相互に異なる価値観を持つ人とネットワークを形成し、そのネットワークをリソースとして活用できる能力である。

「開かれた努力」と「閉じられた努力」

例えば、努力という常套句がある。これを近代型能力とポスト近代型能力にあてはめて考えてみると、それには、基礎学力の習得のための「閉じられた努力」と、コミュニケーションやリーダーシップ獲得のための「開かれた努力」がある。

「閉じられた努力」とは、与えられた目標に対して一身不乱に努力する、かつてのガリ勉型の努力を指す。一方、「開かれた努力」とはポスト近代型能力であり、これには、家庭内のコミュニケーションのあり方が大きな影響を与えると言われる。つまり、「開かれた努力」は、その時々の他者や与えられた環境などの要因から、自分自身が進むべき目標を定め、それに向かって努力するような行動特性を指す言葉である。

ポスト近代型能力は、2004年の日本経団連の報告書にある「与えられた知識だけに頼るのではなく、ものごとの本質をつかみ、課題を設定し、自ら行動することによってその課題を解決していける人材」、すなわち「創造的人材」と合致する。そして、社会が持続可能性を持つには、このような人材の輩出が求められるのである。つまり、知識を記憶し器用にまとめるだけでなく、現場で知識を実践的に応用し問題を解決していく力を持つ人材の育成である。その意味では、複雑化する社会を生き抜くためのスキルを身につけるためのライフスキル教育が、このような人材づくりの側面においても重要となるのである。

望ましいイノベーション

イノベーションの語源は、ラテン語の“innovare”（新たにする）に由来する、“in”（内部）＋“novare”（変化させる）であり、そこから、現在では、既存のものに新しいものを吹き込み、新たな富、価値を創造することとされる。例えば、理論経済学者であるシュンペーターは、経済活動を事例に、生産活動や資源、労働力などを今までとは異なる方法で「新結合」し、価値を生み出すのがイノベーションであるとする。彼はイノベーションを、新商品、新生産方式、新市場、新供給源・新素材、新産業組織という５つの側面から分類した。

ところが、日本においては、イノベーションが「技術革新[5)]」と訳されたため、イノベーションとは、技術・製品革新であるとの表面的な理解がなされた。イノベーションは研究所で生まれ、技術の蓄積により突然に発現するかのような誤解がある。イノベーションの元来の意味はシュンペーターによると、新商品・新生産方式といった「技術イノベーション」と新市場・新供給源・新産業組織といった「経営イノベーション」の二側面に区分されるが、日本ではそれらが同一視され、技術革新がすべての夢をかなえてくれる魔法の力であるかのように受け取られているのである。

日本のイノベーションを代表する企業は、トヨタである。トヨタの経営イノベーションは、改善活動・カンバン方式と言われるシステムにある。トヨタでは、例えば、「なぜを５回繰り返す」という言葉に象徴されるように、改善活動の成果を作業標準書として「見える化」している。この過程を繰り返すことが、個人に内在する暗黙知を形式知として体系化することになり、これにより完璧な作業標準書が作りあげられる。また、カンバン方式とは、必要な部品を必要な時に必要なだけ引き取り、

表２　産業革命と情報革命の特徴

	産業革命の時代	情報革命の時代
①新生産方式	蒸気機関、鉄道、工場制	半導体、常温レーザー、基本ソフト
②新供給源（新素材）	ラプラタ羊毛、アメリカ綿花、カタンガ銅	半導体向け素材、液晶等の電子部品向け新素材、検索された情報・知識
③新商品	鉄道サービス、自動車、電気器具等の家庭用品	コンピュータ、高度化機械群（NC工作機械等）、自動化家電製品
④新市場	絹靴下等の大衆市場、アジア等の未開拓市場	電子市場、コンテンツ市場、N面市場
⑤新輸送方法	鉄道、飛行機輸送	インターネット配信、コンテナ輸送、宅配等の個別配送
⑥新産業組織	フォード・システム、垂直統合	垂直非統合、モジュール型組織、オープン・ネットワーク

出典：今井賢一（2008）13頁。

また、引き取られた量だけ生産補充するという生産管理手法である（カンバンとは、生産工程間で使用される部品名・数量等を書いた札のことである）。そして、このカンバンは、後工程から前工程への部品運搬指示用の「引き取りカンバン」と、生産を指示する「生産指示カンバン」に大別されている。これらは、作業の改善を「見える化」することによるイノベーションの実現であり、業務改善のためのビジネスモデルとして他社にも展開されている6)。

ところで、イノベーションについては、かつての産業革命の時代と現在の情報革命の時代を比較すると興味深い。今井（2008）は、表２にあるように、シュンペーターによる定義に新輸送方式を加えて、両者の特徴を比較し具体的に説明する。そこでは、表に示した①から⑥までの項目が産業革命の時代のように独立した存在として機能するのではなく、現在の情報革命の時代にあっては、それぞれが相互補完的に影響しあうことが特徴とされる。この相互補完関係が次の発展につながる創造的破壊（イノベーション）になる。かつての産業革命の時代に成功した日本企業が、現在の情報革命の局面では、なぜ停滞しているのかの解明の糸口は、まさにここにあると今井は指摘する。

つまり、これまでの価値観は、技術から生まれた「モノ」に対する価値、すなわち金額などに置き換えやすいものであった。しかしながら、消費の中心が「モノ」に加えサービスや体験という「コト」に移っており、その意味では金額で測ることが難しくなっている。消費行動の指標は、例えば安価といった数値化しやすい価値から、安心・安全・信頼性へとシフトしている。他国と比べて資源が少なく、環境問題などの制約条件も多い日本においては、技術が国の存続に主要な前提とはなるものの、今後の持続可能性を考えた場合、過度な技術偏重を改め、いわゆる人間性とのバランスのとれた企業展開が求められるのである。

第3節　企業における人材育成

ここでは、以下の4社を事例に、企業における人材育成について概観する（図表などの資料は基本的に各企業のホームページより引用した）。

京セラ株式会社

京セラは「人生・仕事の結果＝考え方×熱意×能力」を社訓とし、考え方と熱意があれば、能力は自然についてくるとする社風があるという。この社風の実現のため、育成責任者制度、労使共催行事としてのスポーツ大会、コンパや花見といった社内イベントなどが採用され、図3のようなキャリア開発支援がおこなわれている。つまり、相互信頼や結束力を高め、社員同士の心のつながりを重視している点が特徴と言える。

図4に京セラの教育体系を示したが、その特徴はフィロソフィーにある。これは真摯な努力とたゆまぬ創意工夫により、京セラのグローバルな発展と全従業員の幸福を追求すると同時に、人類・社会の進歩発展に貢献する有為な人材を育成するという哲学で、この浸透がマネジメント教育や職種別教育を通し、パート社員をも含んだ全従業員を対象として図られている。

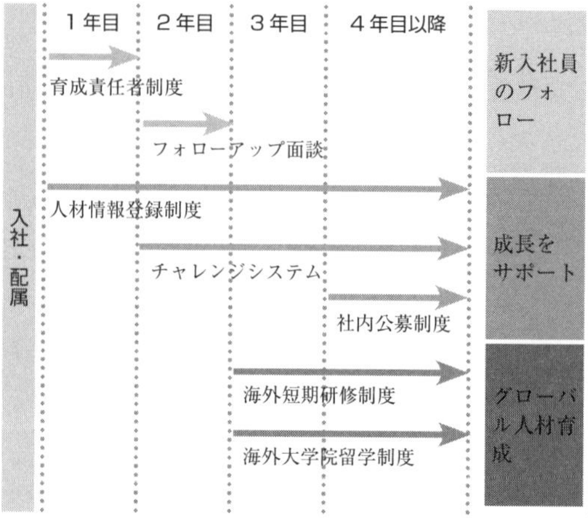

育成責任者制度	新入社員の成長サポートのために定期的なコミュニケーションを通じた指導
人材情報登録制度	自身の経験やスキル、将来のキャリア希望、海外赴任希望などをネットワークを使い登録
チャレンジシステム	上司と部下が個人の業績目標を共有し、能力開発のために面談を実施
社内公募制度	新規事業や伸張分野などに、意欲ある人"財"に活躍の場を提供する
海外研修制度	先端知識・技術の習得、国際感覚の習得

図３　京セラの人"財"開発フロー

<table>
<tr><th colspan="2">教育名</th><th colspan="3">経営幹部</th><th colspan="2">中堅社員</th><th>社員</th><th>パートタイマー</th></tr>
<tr><td rowspan="2">フィロソフィ教育</td><td>国内</td><td colspan="3">フィロソフィ
役員・幹部研修</td><td colspan="2">フィロソフィ
主事・主事補研修</td><td>フィロソフィ
社員研修</td><td>パートタイマー研修</td></tr>
<tr><td>海外</td><td colspan="3">トップマネジメントセミナー</td><td colspan="2">ミドルマネジメントセミナー</td><td>フィロソフィ
社員研修</td><td rowspan="2"></td></tr>
<tr><td colspan="2" rowspan="3">マネジメント教育</td><td colspan="6">京セラ経営学講座</td></tr>
<tr><td colspan="2">工場長・
事業所長
研修</td><td colspan="2">営業所長研修</td><td rowspan="2"></td><td rowspan="2"></td><td rowspan="2"></td></tr>
<tr><td colspan="3"></td><td>HA 研修</td></tr>
<tr><td colspan="2">職能別教育</td><td>経営職能
研修</td><td colspan="2">管理職能
研修</td><td>監督・指導
職能研修</td><td>上級一般
職能研修</td><td>一般職能研修</td><td></td></tr>
</table>

HA ＝ヒューマンアセスメント

図４　京セラの教育体系

サントリー株式会社

サントリーの特徴は、自由な社風の下、社員一人ひとりの能力を開発し、その成果に応じて公正で納得感のある処遇をおこなう人事制度にあるとされる。図５に示したように、この人事制度は「職能資格制度」と

成長・発達ステージ	ビジネスのプロをめざしてさまざまな経験を積み重ねていく段階 (対象：メンバー担当職)

資格制度職能	C コース ものづくり現場以外の従業員を対象とし、担当業務に対する職務遂行能力に応じて3つの職能資格に分類	T コース ものづくり現場で働く従業員を対象に、個々の現場で必要なスキル・能力に応じて6つの職能資格に分類

自立・発揮ステージ	これまでに培ってきた経験や能力を発揮する段階 (対象：マネジャー相当職)

等級制度役割	M（マネジメント）層 部長・課長など、組織のマネジメントを担う役職者の等級	S（スペシャリスト）層 特定分野に関する高い能力・知識を活かす専門職の等級
	E（エキスパート）層 M（マネジメント）層から移行して後進のサポートなどの役割を担う役職勇退※者の等級	P（プロフェッショナル）層 ビジネスのプロとして自立し、培った経験や能力を発揮する従業員の等級

※役職勇退：組織の全体最適のために、一定年齢に達した役職者が後進に役割を譲っていくしくみ

図５　サントリーの人事制度

内定
入社
異動・昇格・昇進
勇退
基本の徹底
新入社員研修
新任工場リーダー研修
新任プロフェッショナル層研修
新任マネジャー研修
自律的なキャリア開発の支援
個人の視点に立ったキャリア自立支援
SUNTORY Self Development Program
(自己啓発支援プログラム)
・応募型研修　・通信教育
・e-ラーニング・通学
人材育成・キャリア開発に関する制度
自己申告制度
キャリアデザイン制度
社内公募制度
留学公募制度
昇格候補者試験

図６　サントリーのキャリア開発体系

「役割等級制度」が基盤となっている。そして、労働組合による組合員のアンケート調査結果を制度の改善に生かすなどの労使協力もとられ、公正で平等な処遇の担保への努力が成されている。

図6はサントリーのキャリア開発の体系である。そこでは、人材の育成については人が人を育てるという考え方が重視され、入社から退職までの人材マネジメントサイクルの中で、個人の視点に立った基本研修や、営業・生産部門の研修が実施されている。

ベネッセコーポレーション

図7に示したように、ベネッセにおいては、性差よりも個人差、そして自主性が重視された人材活用や能力開発がおこなわれ、働きやすい環境の整備がなされている。

また、1992年度より全社員を対象とする満足度調査（図8）が採用され、経営の風土と組織の健康診断や、各部門の次年度の組織編成と組織運営への活用に生かされている。

図9はベネッセの研修体系を示したものであるが、そこでは、社員個人の自主的・主体的な学びへの支援がなされ、自主的に能力開発プログラムを選択し受講するという制度が設定されている。

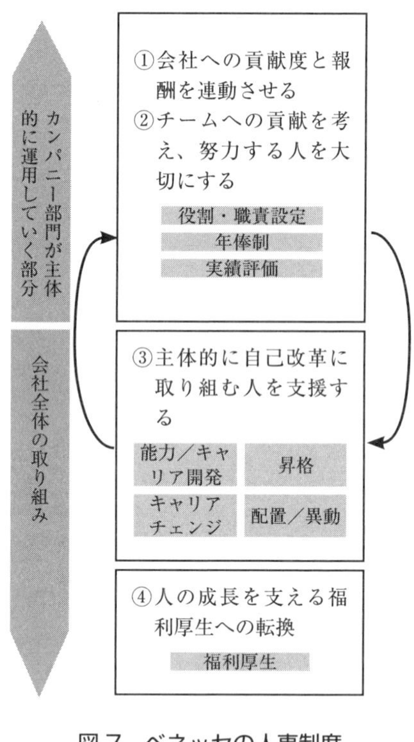

図7　ベネッセの人事制度

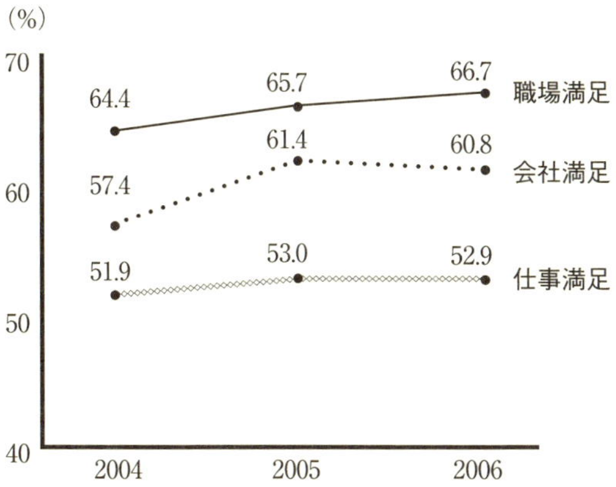

図8　従業員満足度調査

	実施主体	1等級	2等級	3等級	4等級	5等級	6等級
育成研修方針		全社プログラムに則り、ベネッセ社員に必要なベーシックな力を必須で身につける	ビジネスフレームの基本知識と担当業務のコアコンピタンスを確かなものにする（学びの習慣づけ）		個別に必須な学びを習得する ・選抜された人財に対しては会社として個別育成 ・ベースは個人による自主的学習		
幹部育成	人財部		指名育選抜幹部向け外部研修成委員会 海外要員育成	次期部長・幹部候補の選抜育成		指名育成委員会	
マネジメント研修 「役割認識」役割に応じた「実務知識・スキルを深める研修」	人財部		OJT研修	新任課長研修 360度サーベイによるマネジメント開発		新任部長研修	
コアコンピタンス研修	各カンパニー	ベネッセコアコンピタンス（独自ノウハウ・専門性）			自分のこれからの方向に応じた学び 専門性の深化、一般教養		
ビジネスフレーム研修	人財部	ビジネスフレーム〈ベーシック〉	ビジネスフレーム〈アドバンスト〉				
コンプライアンス研修	内部統制推進室	階層や役割別のコンプライアンス研修					
節目研修 入社者研修	人財部	新人研修	中途入社者研修				
節目研修 昇格者研修	人財部		3年目研修	3等級昇格研修	4等級昇格研修	5等級昇格研修	
キャリア研修	人財部			キャリアデザイン研修			

図9　ベネッセの研修体系（2006年度）

表３　オムロンの社内研修制度

分類	内容	主な研修
資格別研修	資格ごとに求める役割・能力の変化をMBOをベースに理解し実践につなげることを目的とした研修	新任参与研修、参事研修、新任経営基幹職研修、中堅社員研修
ビジネスリーダー育成研修	経営幹部を育成する目的で意欲と適性のある社員を選抜して実施する研修	ミドルビジネスリーダー研修、ジュニアビジネスリーダー研修
役割別研修	職務上の役割に対し、期待される知識・スキルを習得することを目的に実施する研修	総合職新入社員指導者研修、ライン長研修
アセスメント研修	求められる能力に対する診断・啓発計画作成を目的に実施する研修	ADD研修
キャリア開発支援研修	社員一人ひとりが自らのキャリアを見直す機会として自己の棚卸とキャリアプラン検討を目的にした研修	マイライフ研修、マイビジョン研修、マイチャージ研修、管理職マイビジョン研修
重点課題研修	経営上の重点課題の解決を狙いとする研修	海外赴任前研修、女性リーダー研修、中国人マネジャー研修
職能別研修	職掌・職種毎の業務遂行に必要な専門知識・技能の習得を目的に実施する研修	各カンパニー主体で実施

オムロン株式会社

オムロンにおける人材育成は、日常業務遂行の中での能力開発、すなわちOJT（On The Job Training）による職場内育成を中心としてなされている。具体的には、①職能要件書をもとにした上司による職場での個別指導、②自己啓発目標設定、能力開発のための指導援助、③能力の成長に応じた職務拡大・職務充実型の職務割当の実施、である。

また、Off-JT（Off The Job Training）を補完するスキル研修も実施されている。表3に示したように、これは、社員の自発性に基づいたキャリア形成を可能とする制度となっている。

オムロンでは、会長や社長といった経営トップと従業員が直接に顔を合わせて話す、双方向コミュニケーションをとる活動が継続的になされている。こうした直接のコミュニケーションが、社員の会社に対する満足度を高めていると思われる。

表4　4社の研修とキャリア開発の比較

	資格や職務による研修	キャリア開発
京セラ	マネジメント研修 職能別研修	人材情報制度 チャレンジシステム 社内公募制度 海外研修制度
サントリー	新任工場リーダー研修 新任プロフェショナル研修 新任マネジャー研修	自己申告制度 キャリアデザイン制度 社内公募制度 留学公募制度
ベネッセ	幹部育成研修 マネジメント研修 コアコンピタンス研修 ビジネスフレーム研修 昇格者研修	キャリアデザイン研修 公募制度 青紙制度（3等級以上の意欲と能力のある社員に仕事選択の機会を提供）
オムロン	資格別研修 ビジネスリーダー育成研修 役割別研修 アセスメント研修 重点課題研修 職能別研修	キャリア開発支援研修 マイライフ研修 マイビジョン研修 マイチャージ研修 管理職マイビジョン研修

キャリアプラン

表4は、以上の4社の人材育成についての比較検討である。各社に共通しているのは、資格や職務による研修が、昇格などの節目に合わせて、会社主導で開催されている点である。それに加えて、最近では、自主的な学びに対する支援や、自分の希望で他の職務へチャレンジできる制度も整備されてきている。これは、社員が自分自身の将来のキャリアをデザインし、それを会社が支援するという動向の現れであろう。近年、自分自身のキャリアプランを主体的に設定し、仕事を通じて個人が成長するように支援することは職場の活力を高めると考えられるようになってきた。また、市場や経済環境の激変、業務の専門化・複雑化を背景に、会社による一律なキャリアプランの明示が困難となっていることもそうした動向の理由にあげられるであろう。

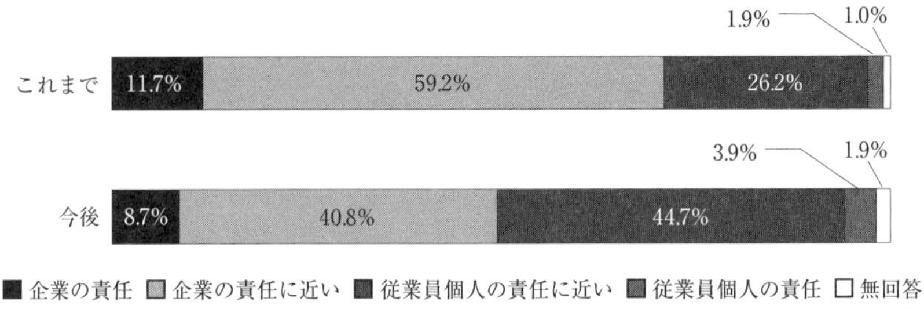

出典：労働政策研究・研修機構（2004）

図10　教育訓練の責任主体についての方針

これら教育訓練の責任主体については、図10にあるように将来的には「従業員個人の責任」とする意見が「企業の責任」と拮抗する傾向にある。すなわち、従業員のキャリアプラン作成については、今後は従業員自身で切り開くものとする傾向が強くなっていくと考えられるのである。

注

1）グローバリゼーションとは、「制度上の規制緩和ないし自由化によって、国家間の労働や財・サービス、そして資本の移動が活発になった結果、国家間の相互依存関係が強まったこと」の意味で用いる（荒木、2004）。また、グローバリゼーションの負の側面として、谷本は「80年代から、情報技術の革新、インターネットの広がりと共に、生産、物流、販売のグローバル化が急速に広がることで、世界の経済は豊かになると言われてきた。しかし、現実には豊かな一部の先進国と、貧しい途上国との格差は大きくなっていった」ことをあげ、EU諸国では「途上国支援のあり方、公正な貿易、汚職防止という問題がCSRの観点からも議論され、企業行動の基準を示したり、様々な支援・啓蒙活動を行ったりしている」と指摘する（谷本、2006）。

2）戦略的社会性とは、「企業が既存の市場に関係するステークホルダーのみならず、環境・社会面に関わる多様なステークホルダーの社会的ニーズを感知し、短期的には経済的価値へと結びつけていくことが不可能であったとしても、それを新事業創造などのイノベーションを通じて新しい価値創造、市場創造へとつなげ、収益性と社会性を両立させることができる」ことをいう（金井、2006）。

3）http://www.suntory.co.jp/culture/smt/kids/index.html

4）この国づくりについて宇沢（2003）は、社会的共通資本が重要となると言う。具体的には、①自然環境：大気、水、森林、河川、湖沼、海洋、沿岸湿地帯、土壌など、②社会的インフラストラクチャー：道路、交通機関、上下水道、電力・ガスなど、③制度資本：教育、医療、金融、司法、行政などの制度である。

5) 1956年の『経済白書』において「技術革新」と訳されてはじめて使用された。

6) 改善のノウハウがビジネス化され、豊田自動織機はイトーヨーカドーの店舗改善の指導を、トヨタは日本郵便の業務改善指導を行っている。

文 献

相原正道、石井智、伊吹勇亮「企業におけるCSR戦略とスポーツ —— 企業広報の視点から」『広報研究』11号、2007年、32-42頁。

荒木一法「ステイグリッツ講義解説」藪下史郎、荒木一法『ステイグリッツ早稲田大学講義録』光文社、2004年、114-137頁。

岩脇千裕『日本企業の大学新卒採用におけるコンピテンシー概念の文脈』〈JILPT Discussion Paper Series〉2007年。

金井一頼「地域の産業政策と地域企業の戦略」『組織科学』29巻2号、1995年、25-35頁。

金井一頼「経営戦略と社会」大滝精一、金井一頼、山田英夫、岩田智『経営戦略（新版）』有斐閣、2006年、295-323頁。

経済産業省『社会人基礎力に関する研究会 —— 中間まとめ』2006年。

経済産業省編『社会人基礎力に関する研究会「中間とりまとめ」』2006年（2008年1月27日ダウンロード）

厚生労働省『若年者の就職能力（エンプロイアビリティ）に関する実態調査』2005年。

厚生労働省編『厚生労働省における主な職業能力評価制度』2007年（2008年4月19日ダウンロード）

小杉礼子編『大学生の就職とキャリア ——「普通」の就活・個別の支援』勁草書房、2007年。

嶋口充輝「企業の社会的責任とその関わり方 —— マーケティング・コンテクストからの考察」『組織科学』26巻1号、1992年、44-55頁。

シュムペーター（塩野谷祐一、中山伊知郎、東畑精一訳）『経済発展の理論（上）』岩波文庫、1977年。

「サスティナブル企業経営」『週刊ダイヤモンド』3月29日号、ダイヤモンド社、2008年、95-99頁。

田坂広志『これから何が起こるのか』PHP研究所、2006年。

田坂広志「21世紀に求められるリーダーの条件」（企業主催講演会レジュメ）、2008年。

谷本寛治『CSR —— 企業と社会を考える』NTT出版、2006年。

辻秀一「一流スポーツマンから『ライフスキル』を学ぶ」ダイヤモンド社編『週刊ダイヤモンド』7月9日号、2005年。
日本経団連教育問題委員会『企業の求める人材像についてのアンケート結果』2004年。
波頭亮『リーダーシップ構造論』産業能率大学出版部、2007年。
本田由紀『多元化する「能力」と日本社会 ── ハイパー・メリトクラシー化の中で』NTT出版、2005年。
山口栄一『イノベーション ── 破壊と共鳴』NTT出版、2006年。
労働政策研究・研修機構『高等教育と人材育成の日英比較 ── 企業インタビューから見る採用・育成と大学教育の関係』2005年。
労働政策研究・研修機構「教育訓練とキャリア相談に関する調査」2004年。

第4章　ライフスキル教育の評価システム

第1節　ライフスキル教育の評価

評価の意義

ライフスキル教育、あるいはライフスキルをベースとした教育は、一般に、若者にその成長をうながし、より健全な行動を展開できる力をつけさせるものである（大津、1999）。貧困、格差や差別、犯罪あるいは疾病などの諸問題に対処する能力を若年層の段階から身につけていこうとするライフスキル教育においては、現実の問題への対応能力をつけることが求められており、そのための実践型の学習が重視される。ライフスキル教育の重要性は国際機関や各国において大きく注目されているが、その一方で、従来の教育においても実践的教育は広く重視されてきている。ライフスキル教育の体系化については比較的近年に始まったものであり、必ずしも確立された方法があるわけではない。したがってまた、教育に携わる専門家が育っているわけでもないし、定評のある教育技法がすでにあるわけでもない。

ライフスキル教育の目的を達成するために、その評価をおこなうことが広く求められている（WHO, 1997）。なぜなら、その重要性や必要性については広く認められているものの、方法やその効果については、様々な機関や専門家がそれぞれの独自性や優位性を主張している段階にあるからである。ライフスキル教育を通じて、子どもたちが何を学び、どのようにその成果が実践の中で生かされていくのか、どのような能力が身についたのかを評価する必要がある。また、プログラムの評価は、今後のライフスキル教育プログラムの開発を、単なる思いつきではなく科学的に進めていくためにも求められるものである。政府部門における教育政策や民間の教育活動において、ライフスキル教育が定着していくためにも、その根拠を確立していかなければならない。評価は、理論的にも実践的にもライフスキル教育を進める上で不可欠の構成要素である。

本書で主張されているように、スポーツを通じてのライフスキル教育は経験的に進められているところが大きい。一般にスポーツがもたらす様々な教育的効果については、これまでにも多くの研究蓄積や実践的検証があるものの、スポーツによるライフスキル教育という観点からは、教育方法や、特に、その評価については本格的に取り組まれていないのが現状である。

評価の目的

ライフスキル教育の現状から、これを評価することの目的を、およそ3つのレベルで考えることができる（Patton, 1997）。

第1次的評価の目的は、教育の対象となる若者たちへの教育効果を計測することである。これは若者がどこまで知識を学習できたのかの達成度を測ること、また、生活上で必要とされる態度や技術を身につけることができたかどうかを明らかにすることである。様々な社会問題に対処する能力の習得という意味で、若者たちのライフスキルの習得状況を明らかにすることが目的である。これは自らの到達度についての情報を、教育を受ける若者たちと教育機会提供側が共有するための評価と言うこともできる。

第2次的評価の目的は、ライフスキル教育のプログラム評価である。ライフスキル教育の目的が達成されるような教育プログラムとなっているのか、教科の内容や方法が適切なものとなっているかを評価する。とりわけ、教育方法が確立されておらず、その専門家が育っていない現状においては、この評価によって、教育プログラムの改善がおこなわれることに意味がある。政策評価でいうところのプログラム評価と考えてよい。

第３次的評価は、教育機関やその意思決定に関わる権限を持つものたち、あるいは教育に資金援助をするものたちの支援を得るために、さらには広く地域社会の支援を得るためにおこなわれる。社会的にアピールをおこない、あるいは説明責任を果たすための評価である。

第２次的評価と第３次的評価は、とりわけ、新規に始められたプログラムの場合には、その説明責任を果たし、プログラムの改善のためになされることが多い。一方、確立されたプログラムの場合には、プログラムの成果あるいはインパクトを評価しようとする場合が多くなる傾向がある（Weiss, 2008）。

評価の視点

評価の視点の１つは、教育プログラムのどの局面に注目するのかという点である。ライフスキル教育プログラムの評価は、一般的な評価の基本的な２つの方法、すなわちプロセス評価と成果評価に分けて考えられている[1)]。プロセス評価とは、ライフスキルプログラムが適切なプロセスによって実施されているのか、という観点である。つまり、準備段階で適切な条件づくりや環境づくりができているのか、プログラム実行段階では受講者に適切な対応ができているのかなどの観点である。一方、成果評価については、ライフスキルの知識が得られているのか、また、若者自身の行動に変化があったのかなどが評価対象となる。プロセス評価と成果評価を併せたものがライフスキル教育プログラムの評価であり、これを実施することで保護者や地域社会、教育関係機関などに対する説明責任の履行となる。

評価の視点の２つ目は、評価は教育終了後に発生しうる長期的効果も考えなければならないという点である。教育評価においては、時間的な要素も重要である。教育の効果は、即時的なものもあれば、終了後短期的な効果もあるし、あるいは中長期的に見なければ効果が出ない場合もある。ライフスキル教育では、若者たちが自身の成長に必要な知識・技術・態度を身につけるかどうかが問題となることが多い。したがって、短期的にそうした知識・技術・態度を身につけることと同時に、それらが長期的に定着していくことも大切なのである。

３つ目の視点は、プログラムの成否には教育環境が大きく影響するという点である。ライフスキル教育の評価では（もちろん最も重要なのは教育課程において若者たちがどのような成長を遂げているかという評価であるが）、その教育課程の構成要素の影響も大きいため、それらのそれぞれも評価の重要なポイントである。具体的には、教材、環境・学校、施設設備、組織、校長、養護教員、その他関係教員、保護者、地域、ボランティア、市民団体、行政などが、このライフスキル教育にどのように連携し協力しているのか、どのように貢献できているのかを評価の要素とする（皆川、2005）。

４つ目の視点は、評価者が誰かという視点である。若者たちの成長という第１次的な成果については、教員による評価に加えて、同時に若者たち自身の評価、そして保護者の評価がおこなわれることになる。またプログラム自体の良し悪しや改善点を評価する第２次的評価においては、教師、若者たち、保護者に加えて、地域社会や学校、行政などの関係者たちによる評価が必要になる。さらには、ライフスキル教育の専門家によるプログラム評価が進められることもある。こうした評価は、資金提供者や管理権限者、あるいはそれらの関係機関などへの説明責任を果たす第３次評価に利用できる。

５つ目の視点では、ライフスキル教育の目的それ自体が適切な設定となっているかどうかが問われる[2)]。１つには、こうした目標は、それぞれに現実的で達成可能な目標であるのか。２つにはこれらの目標は、明確に確認されたニーズときちんと関連づけられているか。３つには、これら目標の定義それ自体が明確であり、またその達成が測定可能であるのかどうか。4つには、目標の中に長期目標と短期目標が共に含まれておりそれが明確に意識されているかどうか。5つには、目標達成に向けて積極的に推進できる方法に焦点をしっかりとあててあるのか。6つには、目標の認知レベル、情動レベル、行動レベルのバランスが取れているかどうか。7つには、教育水準に見合った包括的体系的な範囲や関連性を持った目標となっているのかどうか。これらが改めて問われることになるのである。

最後に強調しておきたいのは、いずれにしても、ライフスキル教育の評価においては、ライフスキルが実際に発揮されてこそ意味があると言える。したがって、若者たちが教育を受けてそれを直ちに実践できているかどうか、日常の生活態度の変化や行動の変化につながっているのか、というのが重要な評価ポイントになるだろう。つまり、教育成果の発揮は社会的なものでなければならず、また客観的な根拠のあるものでなければならない。翻って言えば、教育を通じて得られたものが、現実の問題に対処する能力を育成しているかどうかが評価のポイントとなっているのである。

ライフスキル教育の一般的評価

ここではライフスキル教育を目指した野外活動の評価のあり方について、ワシントン州立大学のライフスキル教育の評価方法を参考にしながら検討してみよう[3)]。

自然の中、集団で野外活動することを通じて得られるライフスキルの目標の要素としては、第1に、健康な肉体であることの重要性理解、第2に、安全な活動をすることの重要性理解、第3に、自然や資源の賢い使い方あるいは利用方法の理解、第4に、他の人の話を注意深く聞くこと、第5に、自分とは違った人々に対して尊敬を持って対応すること、第6に、自分に示された課題に取り組むこと、第7に、自分に与えられた指示に従うこと、などが評価のポイントとなるという。

また、ライフスキル教育の目標達成度は、以下のような測定項目によって判定される。まず、第1の健全な暮らしや肉体については、健康な食べ物を選べるか、肉体の健全な成長をうながす運動への関心を持っているか、などによって測定される。第2の安全な活動については、リスクのある行動を避けることができるか、ストレスに対して前向きに対処できるか、などによって測定される。第3の資源の賢い使い方については、自然資源を有効に使って無駄を出さないか、時間やお金を有効に使っているか、などによって測定される。第4の他人の話を注意深く聞くことに関しては、他人の話をきちんと聞けることに加え、自らの考えを明確に表現し、意見の異なる他者を傷つけることなく調和を目指すことができるか、などによって測定される。第5に他者への尊敬については、自分とは違った人々と一緒に遊んだり働いたりできるか、友好的に対応できるか、などによって測定される。第6に、課題への取り組み能力については、自ら決定の選択肢を考えることができるか、その決定がもたらす帰結を考えることができるか、チームを組むことができるか、リーダーシップを発揮できるか、などによって測定される。第7に、ルールに従って行動する能力については、自分に与えられた指導に従うことができるか、行動に責任を持つことができるか、などによって測定される。

こうした評価項目は、基本的に受講した若者たちの到達度に関するものであり、第1次的な評価である。しかし、これらの評価項目は、プログラム自体が有効であったかどうかを検証する第2次的評価や、保護者や寄付元、あるいは監督機関等に対する説明責任を果たすための第3次的評価においても、成果評価の基礎とすることができる。もちろん、第2次的評価以降においては、プログラムの進行の良否、つまりプロセス評価が加わると共に、社会的な波及効果や費用便益が検討されなければならない場合もある。

スポーツに関係するライフスキル教育の評価

スポーツ活動やその教育を通じてのライフスキル教育は、どのように評価できるのか。スポーツがもたらす様々な効果は、すでに諸方面で一定の評価がなされている。またライフスキル教育においても、スポーツは、自信、チームワーク、コミュニケーション、社会的連帯感、他者への尊敬や公正さなどを身につけさせる上で、極めて重要な役割を果たすと考えられている[4]。

そこで、まずスポーツがライフスキル教育とどのように有意に結びつくかということと、その中で具体的に涵養される能力あるいは技術、知識、態度との関係を明らかにする。次いで、その関係を踏まえた上で、スポーツ活動によるライフスキル教育の評価のあり方を検討することにしたい。

スポーツを通じて習得されるライフスキルやその価値としては、一般的に①協力とフェア・プレー、②コミュニケーションと情報共有、③ルールの尊重と自己評価、④問題解決と信頼、⑤理解力と正直さ、⑥他者とのつながりと自尊心、⑦リーダーシップと寛容さ、⑧他者の尊重と柔軟さ、⑨努力の価値とチームワークなどであるとされる[5]。これらを身につけることで若者は周りの人々との結びつきが強まり、それは彼の生涯にわたって維持される重要な価値となるという。

より具体的にプログラムとその評価の視点を検討してみよう。J. F. ケネディ大学のLEAPプログラムでは、スポーツを通じて、次のような技術の習得を目指す。①目標設定、②前向きな自己への語りかけ、③焦点化と集中、④チーム編成と集団的問題解決法、⑤リラクゼーション、⑥ストレスや怒りの感情の管理、⑦想像力、⑧コミュニケーション技術と人の話を聞く技術、⑨時間管理などである。

個々の若者たちの到達度評価（第1次的評価）では、これらの教育目的が達成できたかどうかに焦点があてられる。具体的には、教員による観察、知識に関する到達度テスト、アンケート形式での意識変化やプログラム評価を探る調査などによって構成される。

また、第2次的評価と第3次的評価に関しては、プログラムプロセスについての検討が必要となる。具体的には、教育スタッフによる自己評価（プログラム内容の評価も含む）、受講した若者によるプログラム評価、それに加えて、適宜、外部の専門家による評価が用いられる。

ライススキル教育評価の留意点

ライフスキル教育の評価を進めようとする時、繰り返しになるが、最も重要なことは、評価を実施するということにある。評価は、しばしば費用と時間の面から敬遠され、また関係者からも必ずしも好意的には見られていない。しかし、ライフスキル教育の実施者は、教育プログラムには常に評価が不可欠だということを肝に銘じておく必要がある。教育プログラムについての事前の評価であれ、途中段階の評価であれ、また事後の評価であれ、評価がおこなわれることで、はじめてこのプログラムは有効なものとなるからである。

第2には、評価にあたっては、教育の対象となっている若者たちやその保護者を含めて、関係者の合意がなければならない。通常の学校教育において、教育評価は特別の手続きを要しないが、課外のプログラムである場合に、また従来とは異なった評価の方法を取る場合には、相手方の同意が必要となる。同意がなければ、この評価は違法な個人情報の収集ということになりかねない。

なお、一般的には、教育評価に際して重要とされる次のようないくつかの留意点がある。第1には、評価の有用性という点で、評価が当該プログラムの関係者の役に立つことが求められている。第2に、適切性であり、参加者の保護、倫理性の確保、評価活動によるプログラムへの影響の極小化が求められる。第3に、収集されたデータの正確さが求められている。第4に、実現可能な評価方法（利用可能な資源に見合った評価方法）がとられることが求められる[6)]。

第2節　政策形成から見たライフスキル教育

政策とは何か

「政策」という言葉は、政府が国民や社会に対して規制を加えたり、公共サービスを提供したりする際の内容や方法を定めたものと一般に理解されている。しかし、政策を意味する英単語のポリシー（policy）になると、もっと広い捉え方がなされている。例えば、「彼の生き方にはポリシーが感じられない」と言う場合にポリシーが意味するところは、信念、一貫性、目標といったものであろう。少なくとも、政府が関与するような話ではないし、政治的な問題になることではない。一方、個人情報保護法が施行されて以降、民間企業でも「プライバシー・ポリシー」という言葉をよく使うようになった。つまり、政府だけではなく、一般の民間企業や団体・組織が政策を策定して実行する場合もある。

このように、政策とはかなり意味の広い言葉である。ただ、政策と言う場合には、何らかの問題が存在し、その問題を解決するために体系的に取り組んでいく際の理念と課題、そして手段や方法などを体系的に定めたものが思い浮かべられるであろう。つまり、政策とは問題解決のための体系と言うことができる。

ここで、ライフスキルに関する政策を検討する場合には、上述のような広い意味での「政策（ポリシー）」を念頭におくことにする。なぜなら、ライフスキルを活用して何らかの問題を解決しようとするのは、政府だけでなく、大学であったり、民間企業であったりするからである。文部科学省が子どもたちの生きる力を高めるためにライフスキル教育を進めるという方針を打ち出せば、それは政府の政策である。しかし、ある私立大学が自学の学生の力を伸ばすためや、スポーツ選手の支援としてライフスキル教育の手法を活用するということになれば、それは民間での政策ということになる。

問題の検討

政策を問題解決のための体系だと考えると、まず解決されるべき問題を定めることが重要になる。問題が明確でなければ、手段、手法を云々する以前に、政策を策定し実行すること自体が無駄である。海外で注目されている最新の理論や手法であっても、自らが解決しようとしている問題が明確でなければ、その適否の判断すらできない。政策形成においては、問題の明確化かが極めて重要な要素であり、最初の一歩である。

問題を明確化するにあたっては、まず、自分が問題だと考えていることは「誰にとっての問題なのか」を考えてみることが大切である。つまり、その問題に直接の利害関係を持つ人、間接の利害関係を持つ人は誰かを検討する。次に、その問題に関心を持っている人、無関心の人を検討する。これら2種類の検討をすることによって、誰にとっての問題かはかなりの程度まで分かる。

直接利害関係のある人は、問題だと認識している可能性が高い。しかし、間接的に利害関係があるに止まる人の場合、問題意識がないか弱いことが多いので、その人にとっては問題ではなくなる。問題として取りあげることに違和感や不満を持つことさえある。一方で、利害関係がないような人でも、問題関心だけは強いということもある。それらの人たちにとっては、まさに問題である。

ライフスキル教育に関わる政策を検討する場合は、ライフスキルが誰にとっての問題かということがとりわけ重要になる。普通に考えると、ライフスキルはあくまでも個人の問題である。それゆえ、このことをあいまいにしたまま政策形成を進めると、誰が誰のために何をするのか、ということがすべてあいまいになり、政策としては効果があがらなかったり、失敗したりすることが予想される。それどころか、政策に対する支持が集まらず、そもそも取り組み自体が実現しなくなることもあるだろう。

第2に検討すべきことは、将来のトレンドである。上に述べた第1の検討事項は、どちらかと言うと現状分析である。しかし、政策形成では、将来を展望する必要もある。そのためには、社会、経済情勢の変化を予測することが必要である。社会の価値観の変化によっては、現在は問題であっても、近い将来には常識に変わってしまうかも知れないし、景気が良くなることによって問題状況が解消するということもある。もちろん、まったく逆に、時間の経過と共により深刻になる問題もある。

政策手段の妥当性

次に検討すべき重要な要素は、その問題解決にとっての有効な理論と技法（方法）である。例えば、ライフスキル教育を進めることによって、本当に生活能力や社会適応力が高まるということが、理論的に説明できるかとか、データによって証明できるかということが問題となる。

同じ問題を解決できる他の手段がある場合には、それとの比較が必要になる。より効果的な方法があるかもしれないし、ほぼ同じ効果を生み出すとしてもはるかに低コストで実現できる方法があるかもしれない。いわゆる「費用対効果分析」などの分析手法を使うことになる。

考えられる最善の方法が見つかったとしても、政策だけでそれが実現するわけではない。実行に必要な資源を確保できるかが問題である。資源には、人・組織、時間、情報、施設・設備、そして資金などが含まれる。政策形成において、使える資源が潤沢で、思い通りに使えることは稀である。普通は資源不足に陥っており、資源をいかに確保するかということ自体が１つの政策として必要になる場合もある。

資金（財源）は、経済状況が良ければそれなりに確保できる。今日の日本の政府部門では、資金の余裕など望むべくもないが、民間企業であれば、業績次第では資金の確保も可能かもしれない。ここで注意しなければならないのは、利用可能な総額の大小ということだけでなく、政策の優先順位である。使える資金の総額が大きくても、他に優先順位の高い政策が多数あれば、使える資金は限られるか、最悪の場合は資金を割りあててもらえない。したがって、当該の理論や手法の有効性を主張することももちろん大切なことであるが、前述のように、問題を明確にし問題解決の重要性と緊急性を示すことが最も重要になる。

資源という点ではお金に注目が集まり、人や組織という側面が、見落とされたり軽視されがちである。しかし、人や組織が、政策の趣旨や目的を十分に理解していなかったり、政策の実施に必要なノウハウや技術を有していなかったりすると、せっかくの良い政策も絵に描いた餅に終わってしまうだろう。政策にとって、適切かつ十分な人と組織を確保することを忘れてはならない。

特に新しい政策で、理念や概念、あるいは手法に対する馴染みが薄い場合には、その政策の実施を担当する人や組織が実施に消極的になることがある。従来からの慣れ親しんだ手段・手法や、継続の政策の方を重視し、新しい政策を後回しにしてしまうのである。そのために、政策形成段階での検討だけではなく、実施段階でのモニタリングをおこない、実施担当の人や組織が本来の趣旨を理解しているか、定められた手段・手法から逸脱していないかといったことをチェックし続けることが必要になる。

政策情報のチャンネル

政策はいったん決定された後も、その実施状況をモニタリングし、評価し、適宜見直しをおこなったり、修正を加えていく必要がある。これは、いわゆるPlan-Do-See（PDS）やPlan-Do-Check-Action（PDCA）として知られているマネジメントプロセスの一環である。つまり、計画（Plan）し、実施（Do）し、それらを観察（See）したり、検討（Check）したりした上で、次の行動（Action）へと展開する方法である。技術的、手法的な修正ということもあるが、基本的な理念の見直しという場合もある。

このような評価や見直しがおこなわれるためには、政策の実施過程の情報を決定権のある人や組織が確実に把握している必要がある。それには、大きくは3つのアプローチがある。

第1は、決定権を持つ者が、実施過程を常にモニタリングすることによって、自ら情報を集めるという方法である。確実な方法であるが、決定権者にそのようなモニタリングをすることが物理的に可能かどうかという疑問が残る。

第2は、実施に携わる者が常に情報を収集整理し、それを決定権者に伝える仕組みを確立することである。この場合、実施担当者が、状況を改善しようとする意識や、問題を発見しようという意欲を持っている必要がある。また、政策決定権者の方にも、実施担当者の情報に耳を傾ける態度が備わっていなければならない。

第3は、実施担当者に政策の決定権を与えるか、政策決定に参加させるという方法である。ただ、この方法の場合には、組織としては、意思決定システムを含めて組織の体制や仕組みを大幅に変更することが必要になる。また、迅速かつ大胆な決定をできなくしてしまう可能性もある。

以上のように、政策の評価や見直しをおこなうためのアプローチにはそれぞれ一長一短がある。その中で現実的な選択は、2番目のアプローチであろう。その場合、実施に関わる者が、問題意識と改善の意欲を持ち、様々な問題発見を担うと共に、それを政策情報として政策形成のプロセスに反映させる仕組みを確立することが求められる。

注

1) The Life Skills Evaluation Web site, http://ext.wsu.edu/lifeskill/ (last visited May 31, 2008)
2) The Joint Committee on National Health Education Standards (1995).
3) The Washington State University Cooperative Extension Life Skills 4. Evaluation, http://ext.wsu.edu/lifeskill/ (last visited May 31, 2008)
4) International Year of Sport and Physical Education 2005, http://www.un.org/sport2005/a_year/s_education.html (last visited May 31, 2008)
5) http://www.education.gpg.gov.za/SportIsCrucial.htm (last visited May 31, 2008)
6) Joint Committee on Standards for Educational Evaluation (1994).

文　献

大津一義編著『実践から始めるライフスキル学習』東洋館出版社、1999 年。

WHO 編（川畑徹朗ほか訳）『WHO ライフスキル教育プログラム』大修館書店、1997 年。

皆川興栄『ライフスキルの基礎基本』明治図書、2005 年。

Joint Committee on Standards for Educational Evaluation, *The Program Evaluation Standards: How to Assess Evaluations of Educational Programs* (2nd Edition), Thousand Oaks, CA:Sage, 1994.

Patton, M. Q., *Utilization-focused Evaluation* (3rd Edition), Thousand Oaks, CA: Sage, 1997.

The Joint Committee on National Health Education Standards, *National Health Education Standards: Achieving Health Literacy*, 1995.

Weiss, H. B. and Jacobs, F. H. (Eds.), *Evaluating Family Programs*, New York: Aldine DeGruyter, 2008.

あとがき

2001年、大学コンソーシアム京都に、各大学の教員や専門家が集まり、京都スポーツ文化研究会が発足した。この研究会は、21世紀におけるスポーツ文化の先進地としての京都を創造することを目的としており、その取り組みの1つとして、本書のスタート地点となる公開シンポジウム「スポーツマンシップを考える――ライフスキルプログラムの必要性」が開催された（2007年1月21日）。横山勝彦（同志社大学）がコーディネーターをつとめたこのシンポジウムでは、堀場雅夫氏（「日本におけるモラルハザードを考える」）と吉田良治氏（「アメリカにおけるライフスキルプログラムの取り組み」）より基調講演があり、基本的なモラルが欠如している社会に対する警鐘とアメリカで実際に取り組まれているプログラムの紹介がなされた。引き続き、和泉修氏（吉本興業）、多賀章仁氏（近江高校硬式野球部監督）、武田美保氏（元シンクロナイズド・スイミング選手）、平井英嗣氏（関西学生アメリカンフットボール連盟理事長）の4氏によるパネルディスカッションが開催され、スポーツ選手を取りまく環境や社会などの問題点の指摘と、ライフスキルに関する取り組みの重要性に対する認識が共有された。当時は、大学のスポーツ選手の暴行事件や留年問題などが顕在化している時期でもあり、その対策に踏み出した第一歩であったと言える。

このシンポジウムがきっかけとなって、横山と吉田氏を中心として、ライフスキル研究会が継続的に開催されるようになった。研究会で、アメリカでの取り組みや日本の現状を分析し、理論的背景を整理していくにつれて、単なる理論ベースの研究で進めるのではなく、実践との結びつきが意識されるようになった。そこで、大学コンソーシアム京都の授業を開講することを決め、その内容を詰めていく中で、授業の教科書として企画されたのが本書である。2008年の春先より、授業の開講に合わせて急ピッチで執筆作業を進めていったが、ライフスキルに関する情報の整理を進めれば進めるほど、現状の課題が次々に発見され、情報の収集や分析に時間を要し、出版にたどりつくまでに多くの時間を費やしてしまった。執筆作業を進める中で、関西の大学スポーツ選手による傷害事件や恐喝事件も発生し、時代の要請とも言える大切な仕事であると認識しつつも、速やかに出版できなかったことについては忸怩たる思いでいる。

2008年の秋には、大学コンソーシアム京都での授業「スポーツマンシップを考える——ライフスキルプログラムの必要性」を開講し、授業の一環として、原田隆史氏、大八木淳史氏をシンポジストに招いて一般公開シンポジウムも開催された（2008年10月25日）。現場において強烈な実践をおこなっている両名からの報告を通して、理論と実践を融合させることの意義、そして、現在の日本において速やかに取り組む必要性の認識を強くした。このように、研究会・授業・公開シンポジウムを通して、議論を重ねることによって、単なる表面的なノウハウ論ではない、ライフスキルに関する理論的体系化を試みることができた。

本書の中心テーマは、スポーツとライフスキルに関する理論の整理と解説であり、実際に取り組まれているプログラムに関しては簡潔に触れた程度である。我々に突きつけられたスポーツとライフスキルという課題に対して、本書が全ての答えを提供しているとは思わない。次の課題は、実際にプログラムを動かし、問題を解決していくことである。そして、その解決のプロセスを「見える」化し、共有可能な知（ノウハウ）とした上で、さらにそれを乗り越えていくことをこそ、我々は目指している。本書の上梓は１つの区切りであるが、終わりではなく、次の取り組みに向けたスタートだと言える。

編集者である北口景子氏には、本書の立案から執筆に至るまで、温かな励ましと的確な指摘をいただいた。また、編集作業の段階においては、メンバーである松野光範氏、榊原大輔氏の力がなければ完成にたどり着くことはできなかったであろう。原田隆史氏には、目標設定用紙の使用の許可をいただいた。その他多くの方々に協力をいただいた。心より感謝の気持ちを表したい。

2009年9月9日

編著者　横山勝彦・来田宣幸

◆ 執筆者紹介

辻　淺夫（つじ　あさお）

同志社大学大学院総合政策科学専攻博士前期課程修了。
現在、京都外国語大学教授。
共著『異文化を知るこころ　国際化と多文化理解の視座から』世界思想社、2003年。
共訳『サッカー――勝利への技術・戦術』大修館書店、1996年。
共著『体育の誘い』海青社、1984年。

松野光範（まつの　みつのり）

同志社大学大学院総合政策科学研究科博士後期課程修了。
現在、同志社大学大学院総合政策科学研究科非常勤講師。
共著『企業政策論と総合政策科学』中央経済社、1999年。

新川達郎（にいかわ　たつろう）

早稲田大学大学院政治学研究科博士後期課程満期退学。
現在、同志社大学大学院総合政策科学研究科教授。
共編著『参加と協働による地域公共政策開発システム』日本評論社、2008年。
共編著『コミュニティ再生と地方自治体再編』ぎょうせい、2006年。
共編著『これからの地域をつくる協働』第一法規、2006年。

真山達志（まやま　たつし）

中央大学大学院法学研究科博士後期課程単位取得退学。
現在、同志社大学政策学部教授。
『政策形成の本質――現代自治体の政策形成能力』成文堂、2001年。
共著『ホーンブック行政学　改訂版』北樹出版、1999年。
共著『総合政策科学入門　第2版』成文堂、1998年。

石井　智（いしい　さとし）

同志社大学大学院総合政策科学研究科博士課程修了。
大阪ガス株式会社勤務。
共著『ビジネスモデルと企業政策』（太田進一、小林弘二、伊藤博志編著）晃洋書房、2006年。
共著『スポーツの法と政策』同志社スポーツ政策フォーラム編、ミネルヴァ書房、2001年。

大八木淳史（おおやぎ　あつし）

同志社大学大学院総合政策科学研究所科博士課程在学。
現在、有限会社大八木淳史事務所代表。
『夢を活かす！』講談社、2001年。
『友よ』ダイヤモンド社、1998年。
『勇気のなかに』アリス館、1997年。

吉田良治（よしだ　よしはる）
追手門学院大学系経済学部経営学科卒業。
現在、京都産業大学アメリカンフットボール部コーチ。
神戸商科大学アメリカンフットボール部コーチ（ライフスキル指導）、ワシントン大学フットボールチームボランティアアシスタントコーチ（2001年ローズボウルチャンピオン）、AFCA（アメリカンフットボールコーチ協会）メンバー。

黒澤寛己（くろさわ　ひろき）
同志社大学大学院総合政策科学研究科博士後期課程修了。
京都市立塔南高等学校教諭。
共著『続　京都に強くなる75章』かもがわ出版、2005年。

榊原大輔（さかきばら　だいすけ）
同志社大学大学院総合政策科学研究科博士課程在学。
現在、羽衣学園中学校・高等学校非常勤講師。
日本広報学会「スポーツ広報とソーシャル・キャピタル」研究会、2009年度第1回研究会報告「スポーツにおけるネットワーク分析――部活動を視点に」
日本体育・スポーツ政策学会、第18回大会研究発表「部活動におけるアクター間関係の現状と課題」

担当章一覧

序　章　横山

第1部
第1章　横山、辻
第2章　松野、来田
第3章　横山、辻
第4章　吉田
第5章　横山、辻、松野

第2部
第1章　榊原
第2章　黒沢、大八木
第3章　石井、松野
第4章　真山、新川

◆ 編著者紹介

横山勝彦（よこやま　かつひこ）

京都教育大学教育専攻科修了。

現在、同志社大学スポーツ健康科学部教授。

共著『入門健康とスポーツの科学』三和書房、2005年。

編著『スポーツと京都のまちづくり』大学コンソーシアム京都、2004年。

共著『スポーツの法と政策』ミネルヴァ書房、2000年。

来田宣幸（きだ　のりゆき）

京都大学大学院人間・環境学研究科博士後期課程修了。

現在、京都工芸繊維大学准教授。

共著『スポーツの百科事典』丸善、2007年。

Kida N, Oda S, Matsumura M, "Intensive baseball practice improves the Go/Nogo reaction time, but not the simple reaction time", *Cognitive Brain Research*, 22, 257-264, 2005.

共著『脳百話』市村出版、2003年。

ライフスキル教育――スポーツを通して伝える「生きる力」

2009年10月31日　初版第1刷発行

編著者　横山勝彦
　　　　来田宣幸

発行者　齊藤万壽子

〒606-8224　京都市左京区北白川京大農学部前
発行所　株式会社　昭和堂
振替口座　01060-5-9347
TEL（075）706-8818／FAX（075）706-8878

印刷　中村印刷

ISBN978-4-8122-0950-9